東京湧水 せせらぎ散歩

髙村弘毅 著

丸善出版

小さな子は、なぜ水遊びが好きなのだろう、
ふとそう思うことがある。
きっと、すべての生命が水から生まれ、
水に拠っていることと無縁ではないのだろう。
地中からこんこんと湧き出る水——。
それは、地球とそこに生きる生命を
ささえる脈動のようにも思える。
東京には水量を問わなければ
まだ七百余の湧水がある。
湧水をはじめとする水環境は
その土地の健康のバロメータでもある。
それゆえ、今ある東京の湧水を
減じることなく子どもたちに伝えたい。

東京湧水
せせらぎ散歩

目次

国分寺崖線の湧水

区部南部の湧水

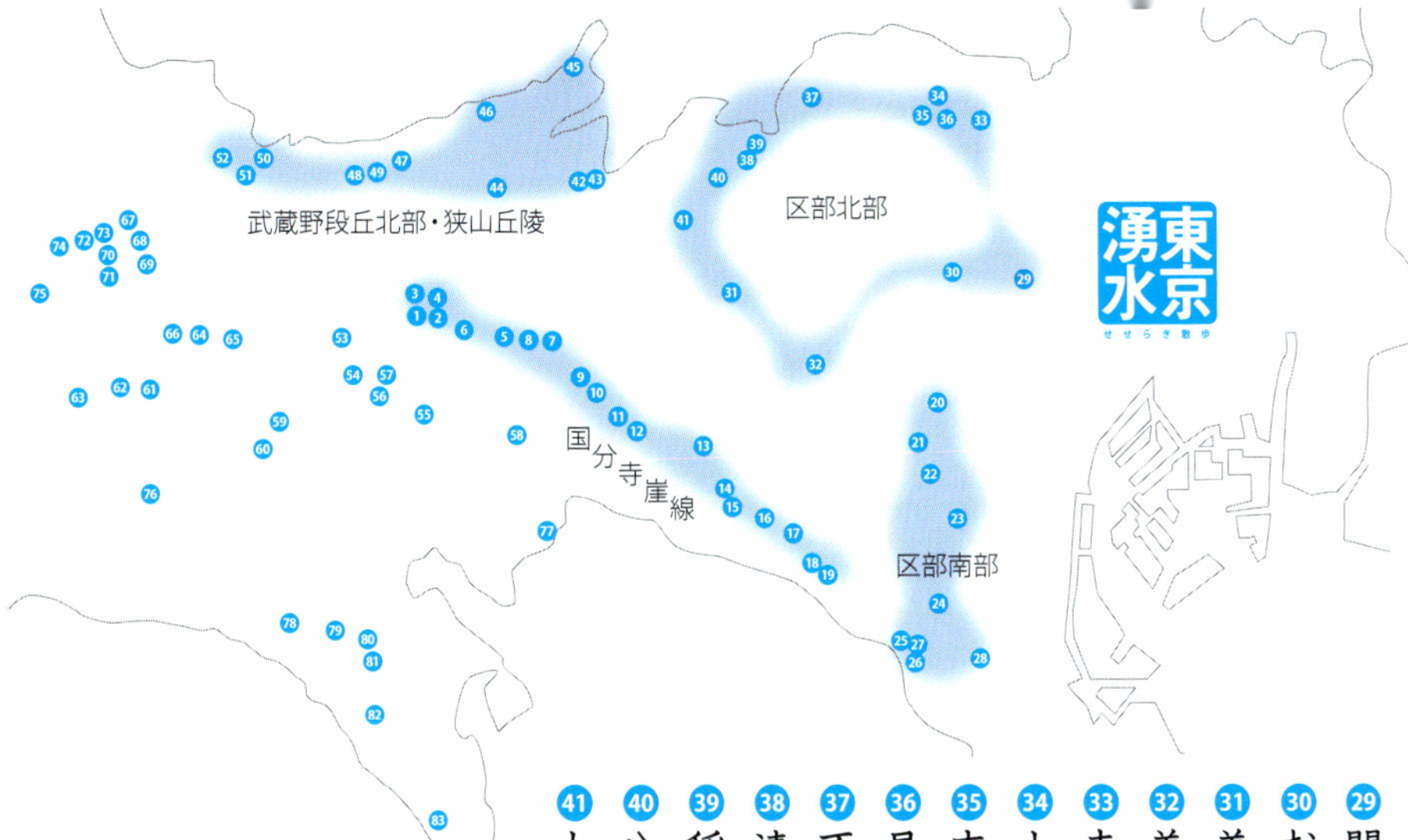

区部北部の湧水

武蔵野段丘北部・狭山丘陵の湧水

目次

立川段丘・青柳段丘の湧水

日野台地・加住丘陵の湧水

拝島丘陵・秋留台地・草花丘陵の湧水

多摩丘陵の湧水

東京の湧水とその保全に向けて

はじめに ……… 本書のなりたちと見方

本書は50年余にわたって日本および世界の地下水や湧水を研究してきた著者が、東京に現存する湧水とその水辺空間を、多くの人々に親しんでいただき、また、いつまでも残していきたいとの思いを込めてガイドブックとしてまとめたものです。編むにあたっては一般の方々の湧水・せせらぎ探訪はもとより、湧水を調査・研究する方々にも役立つよう心がけ、次のような点を特色としています。

❶ 都内83湧水を収録

奥多摩を除く都内の83湧水（105地点）について、99・04・06年に水質等の調査を実施しました。さらに、08年6～10月に上記に27湧水（うち9湧水は水質検査）を加え、計109湧水についてあらためて調査。その中から83湧水を紹介します。

❷ 76地点の湧水データ付き

83湧水のうち65湧水76地点について次の項に掲げる湧水データを付しました。データは06年を基本とし、水質等の変化が微小な場合は他年のデータを付したものもあります。

❸ アクセスデータに緯度（N）・経度（E）表示

訪ねやすいよう段丘や地域ごとに区分して一覧地図を付し、湧水が近くにまとまってある場合は同じ地図で案内しました。さらに、アクセスデータには緯度（N）・経度（E）を付しGPSで所在地確認ができるようにしました。例：**N35.41167**は**北緯35°41′16.7″**、**E135.25317**は**東経135°25′31.7″**を表します。

湧水データの見方

水温	EC	pH	湧水量
17.1	22.0	6.4	多い

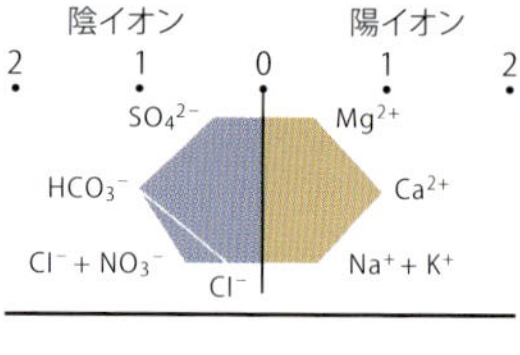

表について

水温：採水時の水温（℃）。湧水の約90%は15～20℃台を示す。

EC：電気伝導度（mS/m）を表し、水は含有する電解質が多くなるほど電流を通しやすくなり、川であれば河口に近くなるほど数値が大きくなる。本書で紹介した湧水の約67%は175～250を示す。

pH：水素イオン濃度を表し、7が中性で、7より小さければ酸性、大きければアルカリ性。本書で紹介した約86%は6.0～7.0であった。

湧水量（湧出量）：秒当たりの湧出量（ℓ/s）で測る。都内の湧水は降雨や季節により変動が大きく、ここでは08年6～10月取材時の視認による。

グラフについて

水質分析データは「ヘキサダイヤグラム」で表している。名水といわれる湧水は左右のバランスが取れ、ソロバン玉のような形状になることが多い。ちなみに、中央の軸を0とし、右側に「陽イオン」として、Mg^{2+}（マグネシウム）、Ca^{2+}（カルシウム）、Na^++K^+（ナトリウム＋カリウム）、左側に「陰イオン」として、SO_4^{2-}（硫酸）、HCO_3^-（重炭酸）、$Cl^-+NO_3^-$（塩素＋硝酸）の計6成分を当量単位（me/ℓ）で示したもの。

※ 水質調査・分析については詳しくは106頁を参照。

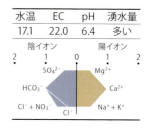

国分寺崖線の湧水

●は「東京の名湧水57選」（東京都環境局）に選定されている湧水です。

国分寺崖線

1 お鷹の道・真姿の池

国分寺崖線の中でも最もハケの景観を残す一画。左がお鷹の水、右が真姿の池。このあたりには「水口八十八ヵ所」といわれるほど湧水源が多かった。

お鷹の水は崖下の石組と大木の裾に湧く。後ろの階段は武蔵国分寺公園へ続く。

　国分寺市から世田谷区まで続く武蔵野段丘南側の国分寺崖線は「ハケ」と呼ばれる。崖(がけ)がハケになったとも、湧水を吐くからハケだともいわれるが由来は不明。ハケを舞台にした大岡昇平の小説『武蔵野夫人』にも、「土地の人はなぜそこが〝はけ〟と呼ばれるかを知らない」とある。崖線は雑木林に覆われ、その裾に台地に降った雨が湧水となって流れ出し野川をつくっている。お鷹の道・真姿の池湧水群はその野川の最源流の一つ。お鷹の道は江戸時代の鷹狩りの道。真姿の池は平安時代、玉造小町が池の水で身を清めたところ病が癒えたという伝説による。一帯には国分寺境内、真姿の池、お鷹の水(真姿の池東側の湧水を土地の人はそう呼ぶ)のほか民地にいくつもの湧水がある。いずれも水量は豊富だがお鷹の

国分寺市東元町3-19

JR中央線・武蔵野線西国分寺駅／東南／徒歩17分／N35.41391　E139.28263

湧水データ

● お鷹の水（06.8.29調査）

水温	EC	pH	湧水量
17.1	22.0	6.4	多い

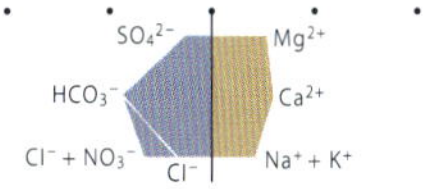

● 民地1（06.8.29調査）

水温	EC	pH	湧水量
18.4	19.6	6.5	多い

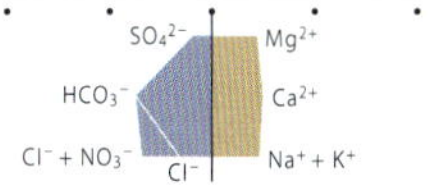

標高：段丘平坦面70m、湧水65m、流末：野川

国分寺崖線

1 お鷹の道・真姿の池

❶緑陰を映す澄んだ真姿の池。❷国分寺境内の湧水。❸お鷹の道は民家と民家の間の小道。❹道路をくぐる民地からの湧水。

洗い場は上下の堰の水音から「ボンボ」と呼んだ。

民地から流れ出る湧水。

水が一番多い。付近の人は湧水の流れを「カワ」と呼び、水道になるまで、飲み水、炊事、風呂、洗い物など一切をまかなっていたという。水路には水音から「ボンボ」と呼ばれる洗い場が今も残る。

国分寺崖線

2 殿ヶ谷戸庭園

この庭園は大正初期に江口定條（後の満鉄副総裁）が別荘として整備、昭和４年に三菱財閥の岩崎家が買い取り、同家の別荘としていたところ。国分寺崖線（ハケ）の段差を巧みに生かした美しい林泉回遊式庭園である。湧水は古くは「次郎弁天の清水」と呼ばれた名水で、崖裾に湧き池に注いでいる。この池を見下ろして紅葉亭が佇み、文字通り紅葉の名所でもある。湧水とともにぜひ訪ねてみたい庭園である。

園内の崖下に湧き、江戸時代から「次郎弁天の清水」と称された。

❶ハケの自然を生かした庭は変化に富む。
❷崖線上には芝庭を前に洋館が建つ。
❸湧水池は秋は見事な紅葉に彩られる。

国分寺市南町2−16

JR中央線・西武国分寺線・同多摩湖線国分寺駅／南東／徒歩2分／N35.41560 E139.28564／開園9:00〜17:00／入園料150円（65歳以上70円）

湧水データ（2006.8.29調査）

水温	EC	pH	湧水量
19.7	30.4	6.6	多い

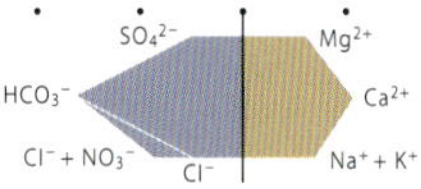

標高：台地平坦部75m、湧水70m、流末：野川

❶湧水をたたえる日立中央研究所庭園の大池。❷大池を出た水はすぐ中央線をくぐる。

国分寺崖線

③姿見の池 ④日立中央研究所

西国分寺駅のそば、日影山の雑木林裾に小さな池がある。これが姿見の池で、付近が鎌倉街道の恋ヶ窪宿だった頃、遊女たちが姿を映し見たという言い伝えによる。かつては湧水池だったが涸れてしまい、武蔵野線トンネル内の余剰水を引いて再生されたもの。この姿見の池の少し東に広がる大きな緑が日立中央研究所。広大な敷地南側に庭園があり、深く切れ込んだ谷の湧水を集めて大池が広がっている。池から溢れ出た水は中央線の下をくぐって全長20キロの野川となる。研究所の庭園は年に2回一般公開される。

●姿見の池
国分寺市西恋ヶ窪1-8
JR中央線・武蔵野線西国分寺／東／徒歩10分／N35.42014 E139.28058

●日立中央研究所
国分寺市東恋ヶ窪1
JR中央線・西武国分寺線・同多摩湖線国分寺駅／西／徒歩12分／N35.4203 E139.2828
※庭園の一般公開は春と秋の年2回

湧水データ（06.8.29調査）

水温	EC	pH	湧水量
21.3	23.4	7.0	多い

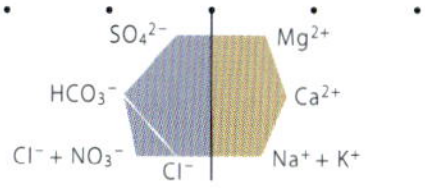

標高：段丘平坦面75m、湧水70m、流末：野川

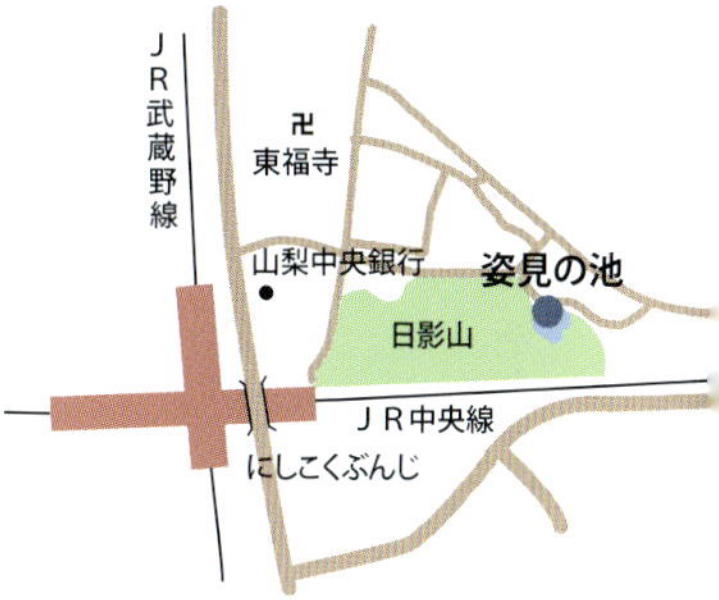

姿見の池は余剰水（トンネル内の湧水）の有効活用のモデルケース。

姿見の池下手の水路。

❶本殿西側の湧き口。地下水が豊富なときは本殿真裏にも湧く。❷崖線の緑に抱かれる本殿。昔は雨乞いも行われたという。

岩間に湧いた水は池に下る。

国分寺崖線

5 貫井神社

地元の鎮守であるこの神社の創建は天正15年（1590）。水神である弁財天を祀ったのが始まりで貫井弁天とも呼ばれる。それを物語るように、涸れることのない湧水が本殿西側の崖裾の岩間に湧き出し池を満たしている。昔はさらに豊かな水量を誇り、それを利用して大正12年に水泳プールがつくられたほどで、神社前に記念碑が建っている。一説に小金井の地名は「黄金井」、つまり「黄金に値する豊富な水が湧く」ことからきているとされる。

小金井市貫井南町3-8

JR中央線・西武国分寺線・同多摩湖線国分寺駅／東南東／徒歩17分／N35.41552 E139.29375

湧水データ（06.8.29調査）

水温	EC	pH	湧水量
16.8	22.5	6.1	多い

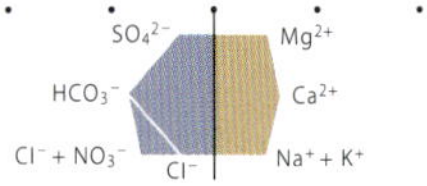

標高：段丘平坦面70m、湧水61m、流末：野川

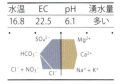

東京経済大学構内にある湧水池。キャンパスの東南角の崖線下に木立に囲まれてあり、南通用口から入って見学できる。池の名は北澤新次郎元学長の名からつけられたもの。さほど広くない水面の周囲に4、5ヵ所の湧き口があり、時期によってはかなりの水量が注ぐ。池を出た水は構内のすぐ下の野川に鞍尾根橋のところで落ち込む。ちなみに、野川はこの橋から多摩川との合流地点まで岸辺に道があり、ハケの湧水を訪ねながら歩くことができる。

野川との合流点、鞍尾根橋そば。

国分寺崖線

6 新次郎池

国分寺南町1-7
東京経済大学構内

JR中央線・西武国分寺線・同多摩湖線国分寺駅／東南東／徒歩15分／
N35.41550 E139.29287

湧水データ (04.8.25調査)

水温	EC	pH	湧水量
18.4	21.5	6.5	多い

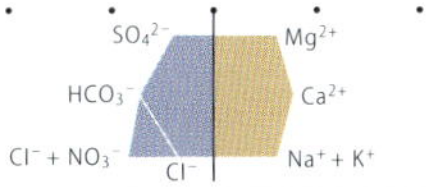

標高：段丘平坦面75m、湧水65m、流末：野川

❶池の角の湧水。こんな水量のときもある。❷池岸にある湧水の流入口。❸鬱蒼とした木立に囲まれた新次郎池。昔はワサビ田だったという。

❶西欧の庭のような水景もある。
❷庭はハケの風景を生かして広がる。

国分寺崖線

7 はけの森美術館

石桝からこぼれ出る湧水が池に美しい水紋を描く。

「はけの小路」は野川へ続く。

小金井市中町1-11-3

JR中央線武蔵小金井駅／東南／徒歩15分／N35.41433 E139.30467／開館10:00～17:00・月曜休館（休日の場合は翌日）／庭は入園無料

湧水データ（08.6.29調査）

水温	EC	pH	湧水量
17.0	19.3	6.7	普通

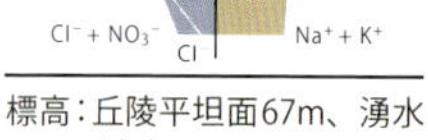

標高：丘陵平坦面67m、湧水60m、流末：野川

武蔵小金井駅の南、金蔵院から国分寺崖線の下を東にのびる「はけの道」をたどるとこの美術館がある。写実的な画風で知られる洋画家・中村研一のアトリエ跡で、湧水はこの庭に湧いている。木立の中に小さな池があり、竹林の湧水口から引いた水が池中の石桝からこんこんと湧き出す様子は、周囲の雰囲気と相まってとても美しい。さすが画家の庭である。庭門前に佇む「はけの小路」の石標の道を南に進むと野川に出ることができる。

国分寺崖線

8 滄浪泉園

外交官、衆議院議員などを歴任した波多野承五郎が明治末期に別荘としたところで、滄浪泉園（そうろうせんえん）の名はここに遊んだ犬養毅首相がつけたもの。門から石畳の道を下ると深山の趣の中に池があり、湧水はその池畔に見られる。池を出た水は滝となって下り野川をめざすが、昔はその途中で営業水車を回すほどの水量があったという。ハケの植生がよく残り、キンラン、ギンランなどの貴重な野草も咲くと案内板にある。

小金井市貫井南町3-2-28

JR中央線武蔵小金井駅／西南西／徒歩14分／N35.41550 E139.29534

湧水データ（06.8.29調査）

水温	EC	pH	湧水量
17.0	19.4	6.7	多い

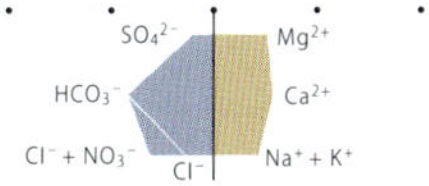

標高：丘陵平坦面70m、湧水61m、流末：野川

❶池畔の湧水の1ヵ所。
❷雰囲気のある石畳の道が池へ下る。
❸門構えも庭への期待をそそる。

湧水池は樹木の中に静まり返り周囲の喧騒とは無縁の世界。

国分寺崖線（ハケ）の湧水を集めて流れる野川。

9

国分寺崖線

野川公園

野川公園は東八道路を挟んで広がる広大な都立公園。かつて国際基督教大学のゴルフ場だったところで、名前のとおり園内を野川が流れ、その左岸、とくに自然観察園にハケの自然が色濃く残る。崖線から流れ出る湧水が湿地や池、水路をつくり、湿地帯には木道が整備されている。自然観察園内ではしょうぶ池、ほたる池、かがみ池などの付近4、5カ所に湧水があるが、近年、観察園内の湧水量は減っている。水量が多い1カ所は観察園の下手のわき水広場。ここは暖かい季節には水遊びの親子連れで大賑わいを見せる。もう1カ所は東八道路の南側、通称マンション下といわれる場所で、水音をたてて湧水が池に注いでいる。

❶自然観察園内のしょうぶ池付近。湧水が水路を流れる。❷かがみ池付近は自然観察園内では最も水量がある。❸水量が豊かなわき水広場の湧水。❹水遊びで賑わうわき水広場。

調布市野水1丁目、小金井市東町1丁目、三鷹市大沢2・3丁目

西武多摩川線多磨駅／東北東／わき水広場まで徒歩30分、バス利用：小田急バス・武蔵小金井駅～三鷹駅または京王バス・武蔵小金井駅～調布駅で野川公園一之橋下車徒歩5分／N35.40598　E139.31460／自然観察園は9:30～16:30・月曜休園（休日のときは翌日）・無料

湧水データ

● わき水広場（06.8.29調査）

水温	EC	pH	湧水量
17.2	19.0	6.6	多い

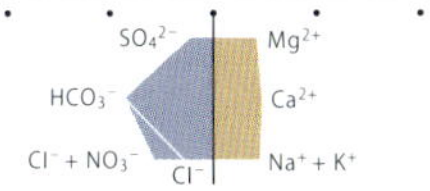

● かがみ池（04.8.25調査）

水温	EC	pH	湧水量
16.1	18.9	6.1	普通

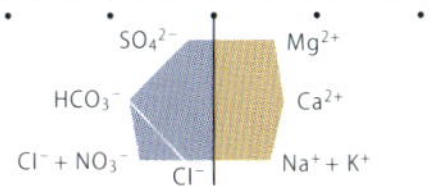

標高：丘陵平坦面60m、湧水44m、流末：野川

水音をたてて注ぎ込む通称マンション下の湧水。

崖裾にワサビ田があり湧水が下る。

10 ほたるの里三鷹村

国分寺崖線

野川公園から野川を少し下った左岸にある。ハケの湧水を利用して湿生花園や農作業の体験田が広がり、水は湿生花園奥のワサビ田や民地に湧く。三鷹市大沢はワサビ栽培で知られたところで、江戸時代末期に地元の人が郷里の伊勢から移したのが始まりだそうだ。野川にはかつて10台以上の水車が活躍していたといわれる。ほたるの里の少し下流対岸にその中の1台、「しんぐるま（新車）」という水車が今も保存され見学（三鷹市教育委員会生涯学習課に問合せのこと）できる。

三鷹市大沢2-17
西武多摩川線多磨駅／東／徒歩20分／
N35.40434
E139.31511

❶木道のある湿生花園を流れる湧水。
❷田んぼでの稲の脱穀風景。
❸対岸の建物は水車「しんぐるま」。

❶

❷

❸

11 深大寺

国分寺崖線

❶山門の横に落下音を響かせる不動の滝。❷伝統の深大寺そばも湧水の賜物だった。

調布市深大寺元町5-15-1

京王線調布駅／北／バス利用：調布駅↔吉祥寺駅で深大寺小学校前下車徒歩4分、京王線つつじヶ丘駅から深大寺行で深大寺下車徒歩1分、JR中央線三鷹駅から深大寺行で深大寺下車徒歩1分／N35.40020 E139.33006

深大寺は国分寺崖線を背にして建つ天平5年（733）創建の古刹。かつては豊かな湧水で知られ滝行も行われていたというが、現在は山門左手の不動の滝は補水を行っている。それでも、07年に本殿脇の池の水を抜き底をさらったおり、一晩で八分方水が張ったといい湧水はまだ健在だ。とくに境内西端の深紗堂（じんじゃどう）裏手の池周辺は崖裾から絶え間なく流れ出ている。湧水を含む地下水の流れは下手に水生植物園（深大寺裏の神代植物公園の分園）をつくっている。

ハケ裾から注ぎ込む湧水。

深大寺では最も水量の多い深紗堂裏の湧水池。

国分寺崖線

12 都立農業高校神代農場

都立農業高校神代農場は崖線に切れ込んだ谷戸にあり、谷底にいくつもの池や水槽が連なっている。農場は週に一度一般公開されている。湧水は立ち入れない谷頭部を含めて数カ所あり、建物の前から谷底に下る道の右手下では石垣の裾に湧いている。農場の斜面はカタクリの群生地として知られ春は可憐な花に覆われる。

農場を出て遠回りしなければならないが、中央高速の南側に地続きで深大寺自然広場があり、ここの薬草園にも湧水がある。

❶石垣の裾に湧き奥の池に向かって流れる下る湧水。
❷斜面に群生するカタクリ。

養鱒池に注ぎ込む湧水。

湧水を利用して養殖池や水槽が並ぶ。

調布市深大寺南町4-16-23

京王線調布駅／北北東／バス利用：調布駅↔吉祥寺駅または三鷹駅から深大寺行で青渭（あおい）神社前下車徒歩3分／N35.40001 E139.33136／一般公開：学期中毎週金曜9：00～16：00（変更・中止もあり要確認）

湧水データ（06.8.29調査）

水温	EC	pH	湧水量
17.9	21.8	6.3	多い

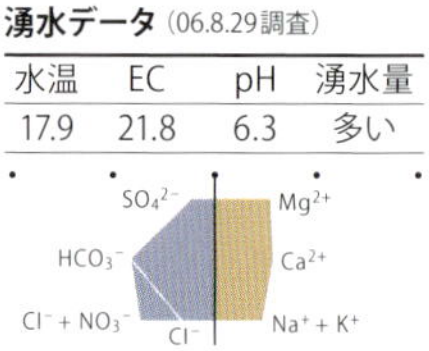

標高：段丘平坦面55m、湧水51m、流末：野川

池にあずまやが張り出す上の池。
湧水は左手手前にある。

国分寺崖線

13 実篤公園

作家・武者小路実篤が昭和30年、70歳のときに、水のあるところに住みたいという子供の頃からの願いを叶えて移り住み、晩年の20年間を過ごしたところ。邸宅裏のハケ裾から湧き出す水が上の池、下の池を満たし菖蒲園に注いでおり、上の池は底まで透き通っている。園内は湧水に加えて樹木や竹林が豊かに広がり、実篤が愛した自然をそのままに、武蔵野の面影を今に伝える。公園の下には作品や資料を展示する武者小路実篤記念館もある。

調布市若葉町1-8-30

京王線つつじヶ丘駅／東／徒歩10分／N35.39264 E 139.34531／開園9：00～17：00・月曜休園（祝日のときは翌日）、入園無料

湧水データ （06.8.29調査）

水温	EC	pH	湧水量
18.6	22.9	7.0	多い

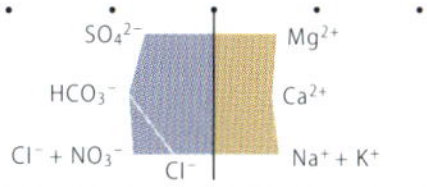

標高：段丘平坦面45m、湧水40m、流末：入間川

❶入口から坂を下ると旧邸宅がある。
❷園内に建つ実篤の銅像。

竹林の下に広がる下の池。

国分寺崖線

14 神明の森みつ池
15 成城三丁目緑地

フェンス越しに眺めた神明の森みつ池。

神明の森みつ池は、かつて湧水の三つの溜め池と水神の祠があったことに由来するという。崖線の貴重な動植物を守るため世田谷区の特別保護区に指定され立ち入れないが、4カ所の湧水がありフェンス越しに池を見ることができる。近くに横穴墓地や遺跡がある。成城三丁目緑地の湧水は崩れた崖下に湧いている。木立の中の砂礫の斜面を流れた水は橋下の池に注ぐ。この池には西方のもう1カ所の湧水源から引いた水も流れ込んでいる。

●神明の森みつ池
世田谷区成城4-20

小田急線成城学園前駅／西／徒歩10分／
N35.38229 E139.35297

湧水データ (04.8.22調査)

水温	EC	pH	湧水量
18.4	17.3	6.7	多い

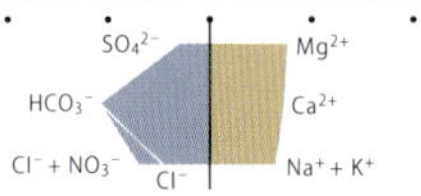

標高：段丘平坦面40m、湧水27m、流末：野川

●成城三丁目緑地
世田谷区成城3-16

小田急線成城学園前駅／南／徒歩10分／
N35.38010 E139.35596

湧水データ (06.8.16調査)

水温	EC	pH	湧水量
17.2	18.6	6.5	多い

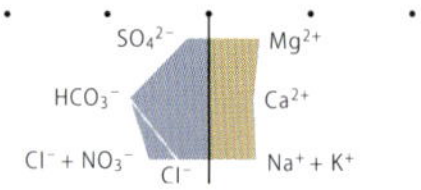

標高：段丘平坦面40m、湧水38m、流末：野川

❶成城三丁目緑地の池に注ぐ砂礫のせせらぎ。❷もう1ヵ所の湧水から引かれた流れ。❸湧水は砂礫の斜面を流れる。

❶ハケ下の湧水池。奥に見えるように木製テラスが整備されている。
❷対岸の草むらから流れ込む湧水。
❸歩道まで覆いかぶさるような崖線の緑。

国分寺崖線

16 大蔵三丁目公園

崖線の樹木が歩道にまで覆いかぶさるような一画に木製テラスを配した池がある。その池端に立つと水音が聞こえ、目を凝らすと対岸の草むらの斜面から湧水が落ち込んでいるのが見える。水量も豊かで涸れたことがない。大蔵三丁目公園を出た湧水は、野川に合流する仙川に流れ込む。この公園のあるあたりは黒澤明の名作「七人の侍」のロケ地だったところ。崖線の雑木林と仙川にはさまれた田んぼに、集落のオープンセットが組まれたのだと聞く。

湧水はこの仙川に流れ込む。

世田谷区大蔵3-2
小田急線祖師ヶ谷大蔵駅／南／徒歩18分／
N35.37568　E139.36340

湧水データ（06.8.16調査）

水温	EC	pH	湧水量
17.5	20.3	6.5	多い

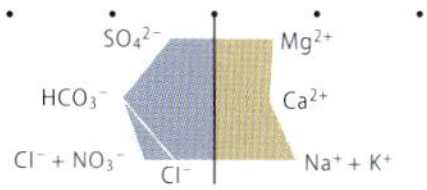

標高：段丘平坦面40m、湧水35m、流末：仙川

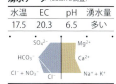

国分寺崖線

17 岡本静嘉堂緑地

岡本静嘉堂緑地は旧三菱財閥の岩崎家が所有する庭園だったところ。崖線上には膨大な和漢の典籍と古美術品を所蔵する静嘉堂文庫と同美術館がある。湧水のある緑地は文庫への門を入り、谷戸川（すぐ下で丸子川に注ぐ）を渡った右手に広がる。樹木に覆われて池があり、水は緑地の北西角から流れてくるが湧き口はフェンスで保護され見えない。緑地南側には丸子川が流れ、隣接する岡本公園民家園では湧水を利用しホタルが飼育されている。

鬱蒼とした樹木に覆われるようにある湧水池。

世田谷区岡本2-23

東急田園都市線二子玉川駅／北西／バス利用：二子玉川駅から東急コーチバス（玉31・32系統）で静嘉堂文庫下車徒歩1分／N 35.37213 E 139.37141／開園10：00～16：00・月曜および美術館閉館中休園

湧水データ（08.6.28調査）

水温	EC	pH	湧水量
17.8	23.3	6.9	多い

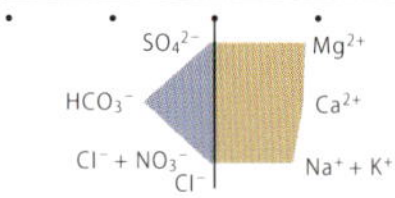

標高：段丘平坦面33m、湧水20m、流末：谷戸川

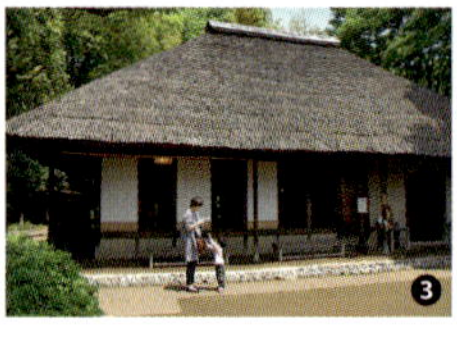

❶湧水は木立下の草むらをかき分けて流れる。❷隣接する岡本公園にも湧水がある。❸岡本公園民家園の茅葺住宅。

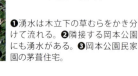

国分寺崖線

18 五島美術館

東京急行電鉄の五島慶太元会長が半生をかけて収集した、日本と東洋の膨大な古美術品が有名な美術館。館の裏に崖線の自然を生かした庭園が広がり、そこに数カ所の湧水がある。木立の中の茶室を経て崖を下ると、菖蒲園、瓢箪池、蓬莱池と名づけられた池が佇む。湧水はその池畔に見られるほか、庭園西側の大日如来像がある沢にも湧く。瓢箪池では湧き口から竹樋で池に落とし風情を醸し出している。庭を出た湧水は丸子川に注ぐ。

ハケ上に建つ美術館の正面。庭園はハケの自然を生かして趣がある。

世田谷区上野毛3-9-25

東急大井町線上野毛駅／西／徒歩5分／N35.36401 E139.38075／開館10：00～17：00・月曜および祝日の翌日（祝日の翌日が土日にあたる場合は除く）・展示替中休館／入館料700円（庭園のみは100円）

湧き口から竹樋を通して瓢箪池に注ぐ湧水。

菖蒲園ももちろん湧水池。

等々力渓谷と谷沢川の流れ。湧水の滲み出しが遊歩道を濡らしている。

19 等々力渓谷・等々力不動尊

世田谷区等々力1-22

東急大井町線等々力駅／南／徒歩5分／N35.36137 E139.38472

湧水データ（06.8.16調査）

水温	EC	pH	湧水量
19.1	20.3	6.9	普通

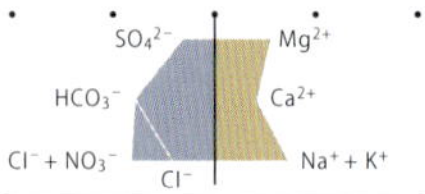

標高：段丘平坦面34m、湧水16m、流末：谷沢川

崖線から流れ落ちる等々力不動の滝。

国分寺崖線の南端に位置する等々力渓谷は、谷沢川が崖線を浸食してできたもの。約1キロにおよぶ都区内唯一の渓谷は木々が空を覆い、都会にいることを忘れさせる。湧水は谷壁に滲み出して遊歩道を濡らし、多いところでは川に流れ落ちている。等々力の地名は、不動の滝の音が渓谷に「轟いた」ところからといわれ、その等々力不動尊が崖上に建つ。等々力不動尊は平安時代から霊場とされ、かつては各地から修行僧が滝行に訪れたという。

遊歩道を越えて川に注ぐ湧水。

区部南部の湧水

● は「東京の名湧水57選」(東京都環境局)に選定されている湧水です。

清正の井はすり鉢状に掘られた底にある。

20 清正の井

区部南部（淀橋台）

こんこんと湧き出す様子は、まさに井泉（せいせん）そのもの。

都心を冷やすクーリング効果でも知られる明治神宮の森は、一見自然林のようだが実は人工林。大正10年までに国民の献木約10万を植樹してつくられた森である。「清正の井」は本殿参道を行くと左手に入口のある御苑にある。ここにはかつて彦根藩井伊家の下屋敷があり、その前は加藤清正の別邸があったところ。そのため、横井戸の湧水は清正公が掘ったと伝えられるようになったという。自噴した水は初夏に御苑を彩る菖蒲田へ注いでいる。

渋谷区代々木神園町1-1 明治神宮御苑

JR山手線原宿駅、東京メトロ千代田線明治神宮前駅／北西／徒歩16分／N35.40293 E139.41555／御苑は開苑9：00～16：30（季節で多少異なる・無休）、入苑料500円

湧水データ（06.8.14調査）

水温	EC	pH	湧水量
15.2	10.1	6.4	普通

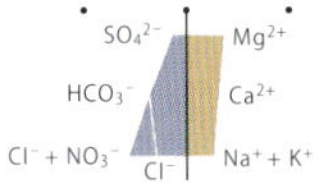

標高：台地平坦面35m、湧水31m、流末：渋谷川

湧水はこの菖蒲田に流れている。

神宮の森は文字通り都心のオアシス。

21 東大駒場一二郎池

区部南部（淀橋台）

東京大学駒場キャンパスは東西が谷地形になっている。東の谷部分には本郷キャンパスの三四郎池に対して、通称「一二郎池」と呼ばれる池がある。湧水は08年末にきれいに整備されたこの池の北端に湧いている。もう1カ所西の坂下門そばにも湧水があり、谷頭に湧き坂道脇に小さな流れをつくっている。もともと駒場一帯は水が豊かなところで、線路を挟んだ駒場野公園には、湧水を灌漑とした旧駒場農学校の実験水田「ケルネル田んぼ」が今も残る。

坂下門の坂道脇のせせらぎ。

駒場野公園のケルネル田んぼ。

❶池の北端の谷頭に湧く。❷きれいに整備されたばかりの一二郎池。

目黒区駒場3-10

京王井の頭線駒場東大前駅／東北東／徒歩5分／
N35.39359 E139.41185

湧水データ

● 一二郎池（99.6.5調査）

水温	EC	pH	湧水量
16.6	25.5	7.4	少ない

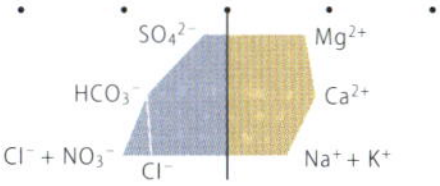

標高：台地平坦面36m、湧水29m、流末：目黒川

区部南部（目黒台）

22 東山貝塚公園

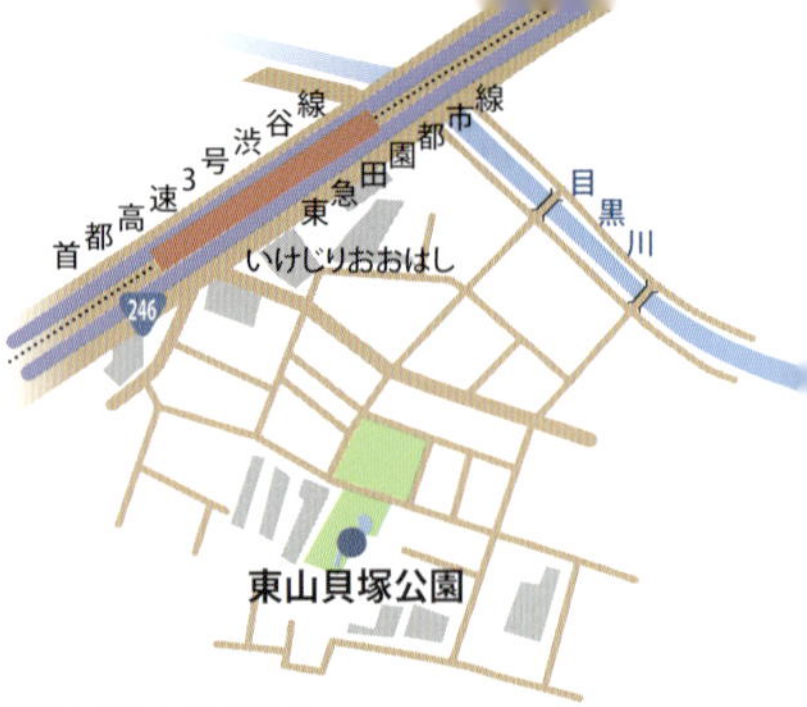

東山貝塚公園一帯は縄文時代の集落があったところで、貝塚や多数の竪穴住居跡が発見されている。入口脇にはその竪穴住居が復元されている。公園の南側は高台になっており、湧水は切り立った擁壁の下に湧き小さな池に注ぐ。湧水点は水路突き当りと左側の2カ所あり、左側からの流れ込みのほうが水量は多い。池尻大橋は渋谷から数キロの密集地で、公園から150メートルほどのところを246号が走る。そんな街中に残る貴重な湧水である。

目黒区東山3-16-7
東急田園都市線池尻大橋駅／南東／徒歩4分／
N35.38578　E139.41080

湧水データ（04.8.23調査）

水温	EC	pH	湧水量
17.6	27.5	6.2	少ない

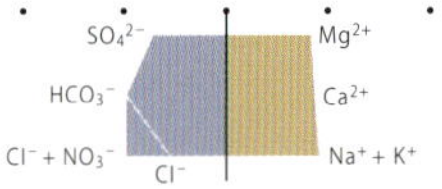

標高：台地平坦面31m、湧水20m、流末：目黒川

❶左側から流れ出る湧水。
❷池奥に建つのは復元された竪穴住居。

湧水は整備された水路の突き当りと途中左側に湧く。

独鈷の滝のある斜面にはたくさんの石仏や石碑が並ぶ。

23 目黒不動尊

区部南部（目黒台）

目黒不動尊は約千二百年、慈覚大師によって開かれた天台宗の古刹。この境内に「独鈷（どっこ）の滝」として知られる歴史的な湧水がある。寺伝によれば、大師が堂塔建設の敷地を占うために独鈷（法具の杖）を投げたところ、そこから滝泉が湧き出したのが由来とされる。長く水垢離（みずごり）場でもあった。水は二つの龍の口から落下している。池右手の不動明王像は「水かけ不動」と呼ばれ、杓で水をかけ願い事をする参詣者が絶えない。

目黒区下目黒3-20

東急目黒線不動前駅／西北西／徒歩12分／N35.37410 E139.42288

湧水データ（04.8.23調査）

水温	EC	pH	湧水量
17.3	29.0	6.4	普通

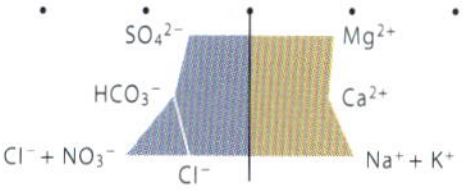

標高：台地坦面20m、湧水12m、流末：目黒川

❶滝はこの山門を入った正面左にある。❷階段左手に見えるのが水かけ不動。

区部南部（荏原台）

24 清水窪弁財天

清水窪は千束の谷の谷頭にあたり、弁財天から湧き出る水は洗足池の源流として、昔は谷間の水田を潤していた。現在も石組みから落下する清水など景観は保たれているが、これは地下水を循環利用しているもの。洗足池に流れ込む量からみて湧水は微量になっているものと思われる。

大田区北千束1-26
東急目黒線・大井町線大岡山駅／北北東／徒歩8分／N35.36415　E139.41126

湧水データ（06.8.16調査）

水温	EC	pH	湧水量
21.0	32.9	6.3	不明

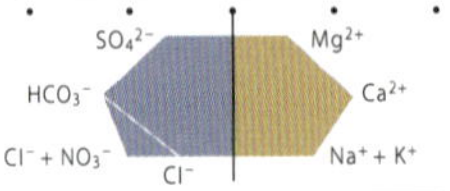

標高：台地平坦面35m、湧水29m、流末：洗足池

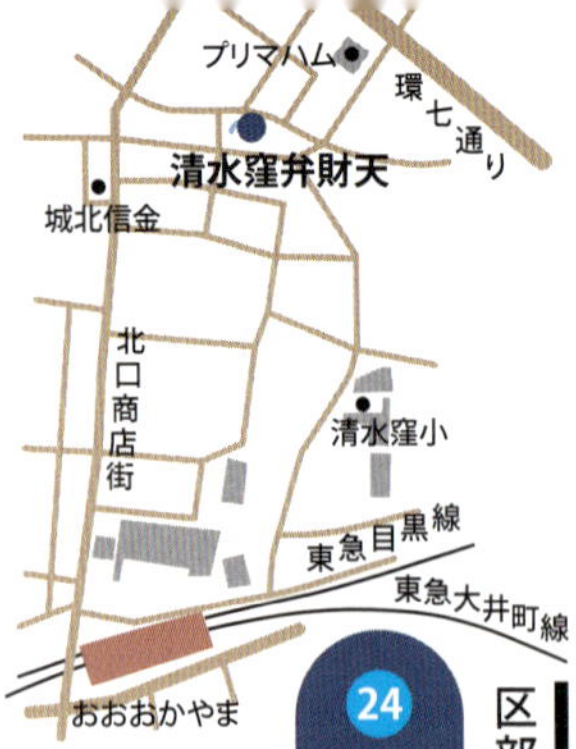

石組みを落下する清水は今は循環利用。

区部南部（久が原台）

25 田園調布せせらぎ公園

平成20年4月に正式開園したこの公園は、以前は湧水案内などに多摩川園ラケットクラブ跡地として紹介されていたところ。多摩川駅そばの多摩川に面する段丘に広がっている。湧水は園内の北と南の2カ所にあり、いずれも雑木林の崖裾に湧き、名前のとおりせせらぎをつくっている。

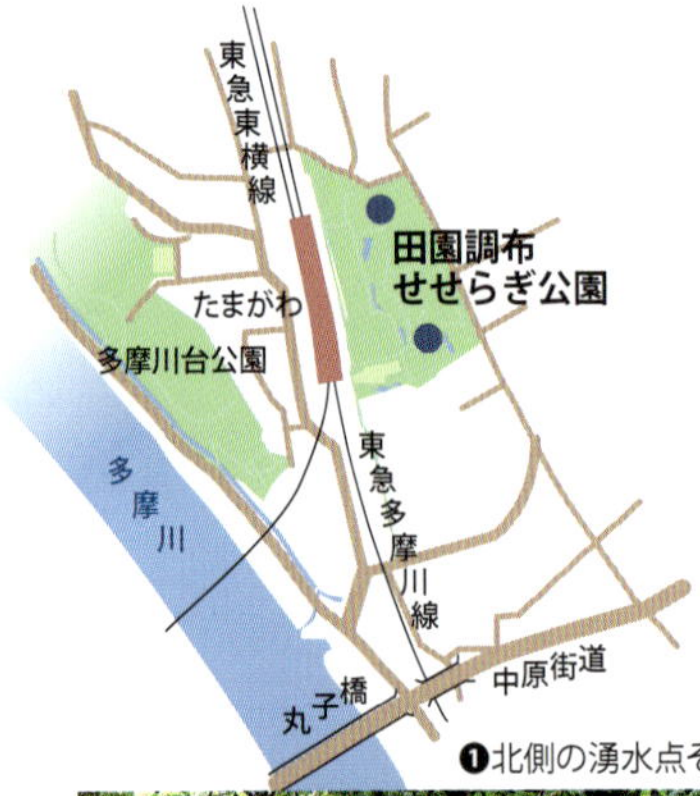

❶北側の湧水点そばのせせらぎ。❷南側の湧水はこの池際に湧いている。

大田区田園調布1-53-10
東急東横線・東急多摩川線多摩川駅／東／徒歩1分／N35.35210　E139.40138／開園8：00～18：00（2・3・10月17：00まで、11～1月16：30まで）

❶六郷用水路沿いは雰囲気のある散策路になっている。
❷石垣から水路に注ぐ湧水。「57選」の看板がある。
❸東光院脇の六郷用水。手前右が足踏み水車。
❹洗い場跡の湧水。

26 六郷用水

区部南部（久が原台）

六郷用水は徳川家康の命を受けた小泉次大夫が、江戸時代初期に開削した灌漑用水。今も用水路跡を流れる丸子川と、ここ田園調布本町の六郷用水散策路に面影を残す。復元された「シャバラ」（足踏み水車）のある東光院界隈はとくに風情があり、通称三菱山の裾から用水路に滴り落ちる湧水がさらに雰囲気を添えている。このあたりはすぐそばまで多摩川が迫る。湧水は東光院の下手にもあり、ここはかつて洗い場として利用されていたところ。

大田区田園調布本町34

東急多摩川線沼部駅／北北西／徒歩8分／N 35.35064　E 139.40164

湧水データ

● 六郷用水・三菱山（04.8.22）

水温	EC	pH	湧水量
27.0	31.4	6.8	少ない

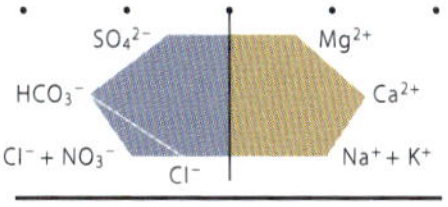

標高：台地平坦面25m、湧水20m、流末：丸子川

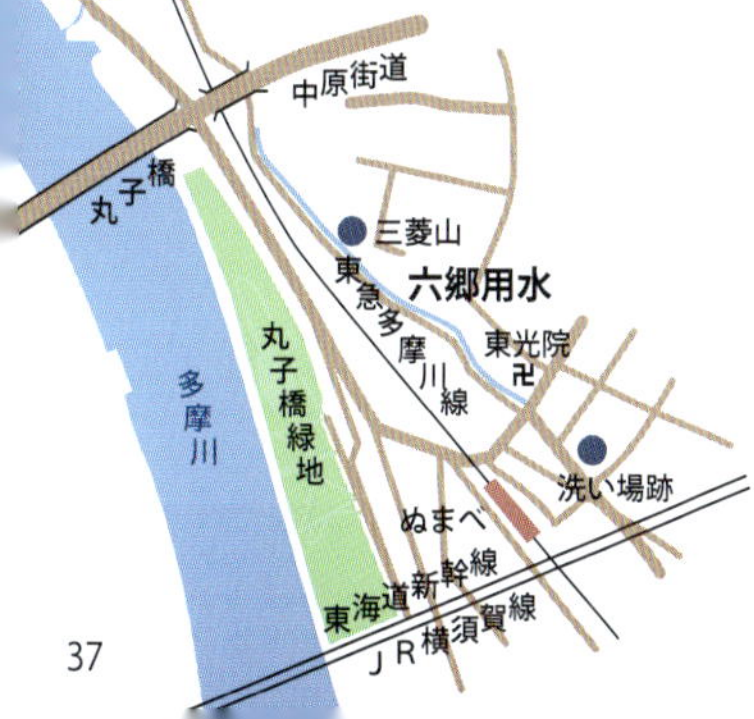

区部南部（久が原台）

27 東調布公園

せせらぎは呑川のほうへ流れていく。

湧水箇所はきれいに整備されている。

ここは呑川に下る傾斜地に位置し、かつて地元の人々に「水神の森」といわれていたところ。すでに森の面影はないが、北側の片隅に木立があり、そこに湧く水が小さな流れをつくっている。この公園は屋外プールと室内温水プールが人気で子供たちの姿が絶えない。湧水から呑川までは250メートルほどである。

大田区南雪谷5-12
東急池上線御嶽山駅／東北東／徒歩8分／
N35.35201 E139.41171

湧水データ（99.6.5調査）

水温	EC	pH	湧水量
19.0	27.9	7.5	少ない

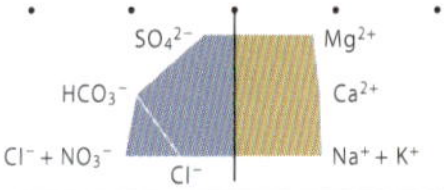

標高：台地平坦面20m、湧水10m、流末：呑川

区部南部（荏原台）

28 山王花清水公園

大森駅近くの暗闇坂から起伏のある細道をたどるが、これはかつて馬込に住んだ文士たちが歩いた道。山王花清水公園は道路脇の弁天池の奥にあり、花に彩られた園内の崖裾に湧水池と湧水桝が横たわっている。そこに小さな祠と御神水の立札が立つように、水は真ん中に厳島神社が佇む弁天池に流れ込む。

大田区山王4-23-5
JR京浜東北線大森駅／南南西／徒歩12分／
N35.35157 E139.43170

湧水データ（04.8.23調査）

水温	EC	pH	湧水量
20.0	27.9	6.8	少ない

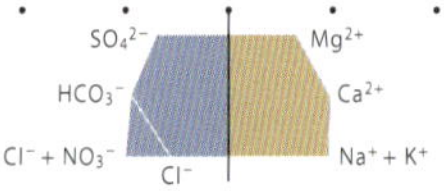

標高：台地平坦面21m、湧水9m、流末：東京湾

❶小さな祠と御神水の立札前の湧水桝。
❷湧水は厳島神社の弁天池に注ぐ。

区部北部の湧水

●は「東京の名湧水57選」(東京都環境局)に選定されている湧水です。

区部北部（豊島台）

29 関口芭蕉庵

❶崖線は約15mの段差があり竹林もある。❷現在の庵は戦後に建てられたもの。❸庭の石鉢に注ぐ湧水。量は少ない。

俳人松尾芭蕉が郷里伊賀から二度めに江戸に出て、延宝5年（1677）から3年間居住したとされるところ。このとき芭蕉は神田上水の改修工事を監督したのだという。神田川に臨む崖線にあり、かつては対岸に早稲田田んぼが広がり、芭蕉はそれを琵琶湖に見立てたともいう。湧水は庭の片隅の石鉢に注ぐほか、瓢箪池にも湧く。芭蕉庵は「江戸名所図会」や歌川広重「名所江戸百景」にも描かれている。

文京区関口2-11-3

東京メトロ有楽町線江戸川橋駅／西北西／徒歩12分／N35.42441　E139.43262／開園10：00～16：30、月曜休園

湧水データ（08.6.28調査）

水温	EC	pH	湧水量
20.5	23.1	7.0	少ない

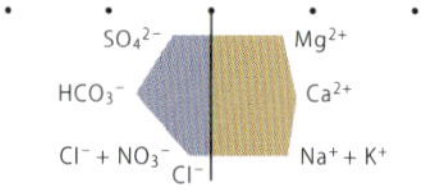

標高：台地平坦面29m、湧水14m、流末：神田川

緑の中に静寂をたたえて横たわる湧水の瓢箪池。

鬱蒼とした樹木の中にのびる園路の脇を湧水が流れる。

崖下の石の間から湧いている。

30 おとめ山公園

区部北部（豊島台）

新宿区下落合2-10
JR山手線目白駅／西南西／徒歩11分／N35.43060 E139.42030

湧水データ（06.8.14調査）

水温	EC	pH	湧水量
17.9	25.7	5.9	少ない

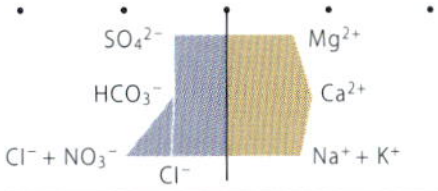

標高：台地平坦面35m、湧水28m、流末：神田川

湧水はこの池に流入し、下流へ。

おとめ山公園も関口芭蕉庵と同じように神田川に下る崖線にある。公園は道路を挟んで東西に分かれており、湧水があるのは西区画の一番奥。崖下の石の間から湧き出し、細い水路を下って池に流れている。ここではホタルの養殖が行われ、毎年観賞会が催されている。江戸時代、このあたりは将軍の狩場だったところで、一般人は狩猟を禁じられていた。つまり、おとめ山は「乙女山」と思われがちだが、「御留山」「御禁止山」の意である。

❶川底の湧出口からこんこんと湧く。
❷奥の橋が原寺分橋。

善福寺川 31 原寺分橋下流 32 御供米橋下流

区部北部（武蔵野台地）

善福寺川は杉並区、中野区を流れ中野富士見町付近で神田川に合流する。源流の善福寺池の湧水はすでに涸れてしまったが、池から700メートルほど下った原寺分橋の下手に湧水がある。川底のコンクリートにつくられた口からこんこんと湧き、その様子はちょっと感動的だ。善福寺川にはもう1カ所、御供米（おくまい）橋の下流、ちょうど和田堀公園の池を背にして対岸（右岸）に湧水が見られる。こちらは護岸から数条の細流が川面に落下している。

● **原寺分橋下流**
杉並区西荻北5-18
JR中央線西荻窪駅／北北西／徒歩12分／N35.42358　E139.35511

湧水データ（06.8.14調査）

水温	EC	pH	湧水量
16.6	19.0	6.1	多い

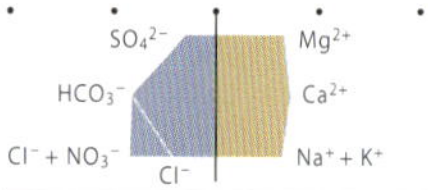

標高：台地平坦面50m、湧水45m、流末：善福寺川

● **御供米橋下流**
杉並区大宮2-24
京王井の頭線西永福駅／北北東／徒歩15分／N35.41042　E139.38222

御供米橋下流に落下する湧水。数ヵ所ある。

御供米橋を流れる善福寺川。

33 赤羽自然観察公園

区部北部（本郷台）

元陸上自衛隊駐屯地跡地に平成11年に開園した公園。西に入り込んだ谷状の地形を生かし、雑木林をはじめ谷戸の自然の回復がはかられている。湧出地は木道奥の保護区域にあり立ち入れないが、木立を縫ってせせらぎが流れ出てくる。下流に池があり湧水はそこに注ぐが、一部を引き入れて田んぼがつくられている。田んぼを見下ろす場所には古民家が移築され、ふるさと農家体験館として活動や催しの拠点、区民の憩いの場となっている。

北区赤羽西5-2-34

都営三田線本蓮沼駅／東北東／徒歩16分／N35.46264　N139.42395

湧水データ（99.6.9調査）

水温	EC	pH	湧水量
22.0	38.5	7.8	多い

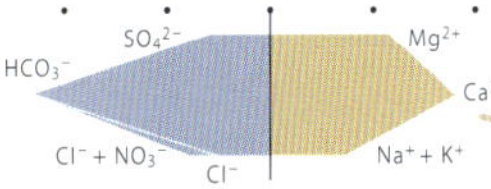

標高：台地平坦面20m、湧水14m、流末：石神井川

この木道の先にせせらぎがある。

古民家前に広がる湧水を利用した田んぼ。

保護区域から流れ出てくる湧水のせせらぎ。

区部北部（成増台）

34 小豆沢公園 35 志村清水坂緑地 36 見次公園

●小豆沢公園
板橋区小豆沢3-8
都営三田線志村坂上駅／北北東／徒歩9分／N35.46463 E139.41457

湧水データ（04.8.21調査）

水温	EC	pH	湧水量
17.0	31.1	6.6	少ない

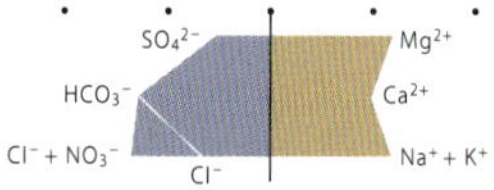

標高：台地平坦面20m、湧水9m、流末：新河岸川

これは崖下の湧水。もう1ヵ所は坂道の上。

中山道の志村坂上を過ぎると右手に薬師の泉庭園がある。『江戸名所図会』にも登場する「薬師の泉」は、もう湧水は見られないが付近には今も湧き水が散見できる。薬師の泉東側の小豆沢（あずさわ）公園は崖下と中腹の2カ所。気になる地名は、大昔、沈没船から小豆の袋が漂着したことに由来するとか。志村清水坂緑地、見次公園にもあるが3公園とも湧出は多くない。

●志村清水坂緑地
板橋区志村2-27
同右／北西／徒歩6分／N35.46423 E139.41302

湧水データ（99.6.1調査）

水温	EC	pH	湧水量
17.1	42.0	7.1	少ない

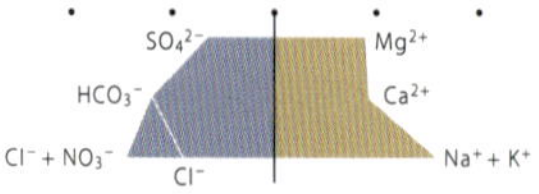

志村清水坂緑地は線路直下に湧く。

見次公園の湧出箇所。

●見次公園
板橋区前野町4-59
同右／南南西／徒歩6分／N35.46235 E139.41378

湧水データ（99.6.1調査）

水温	EC	pH	湧水量
19.4	81.3	7.3	少ない

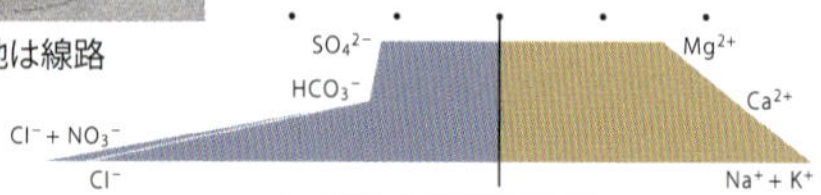

湧水池のある小豆沢公園の崖下部分。公園は崖上にも広がる。

広い滝壺が禊場だったことを偲ばせる。

37 不動の滝

区部北部（成増台）

江戸時代、庶民の間には大山詣や富士講が流行った。板橋区赤塚の不動の滝はその旅に出る人々が身を清めた禊場（みそぎば）だったといわれている。

道路脇の崖下にあり、一条の細い滝が壺に落ちている。滝の上には中世の赤塚城主千葉氏によって祀られたという不動尊が見下ろす。周囲にはその赤塚城跡や溜池公園、板橋区立郷土資料館、同美術館、東京大仏（乗蓮寺）、赤塚公園などがあり、赤塚公園内の崖線下にも湧水の滲み出しが見られる。

滝は樹木に覆われ昼なお暗い。

板橋区赤塚8-11

都営三田線西高島平駅／南／徒歩18分／
N35.46575 E139.38427

湧水データ（06.8.14調査）

水温	EC	pH	湧水量
18.8	27.9	6.7	少ない

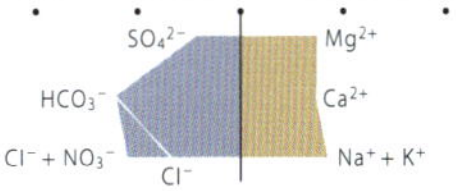

標高：台地平坦面31m、湧水19m、流末：新河岸川

滝上に祀られた不動尊。

春にはカタクリの群生が林床を彩る。

区部北部（成増台）

38 清水山憩いの森

清水山憩いの森は区部では希少なカタクリの自生地として知られ、3月下旬から4月上旬にかけての開花期には大勢の人々が訪れる。成増台にあり北側に隣接して白子川が流れており、その河岸段丘に

位置する。森の中には柵や橋、階段などにすべて木を使った遊歩道が整備されており、湧水は斜面の階段下の切り株の根元に湧き出している。その水は小川となって流れ、小さな池をつくり、そこからさらに林床を進み白子川に落下する。湧出口から森の端まで、ほぼ自然のままの状態が残されているのが素晴らしい。樹木の混み具合もほどよく、木漏れ日が美しく降り注ぐ。この森のすぐ東側には稲荷山憩いの森がある。

奥の斜面下に湧いた水は堰き止められて小さな池をつくっている。

練馬区大泉町1-6

西武池袋線石神井公園駅／北／徒歩42分、バス利用：石神井公園駅から成増駅行で土支田2丁目下車徒歩3分／
N35.45542 E139.36286

湧水データ (06.8.14調査)

水温	EC	pH	湧水量
17.4	19.4	6.2	多い

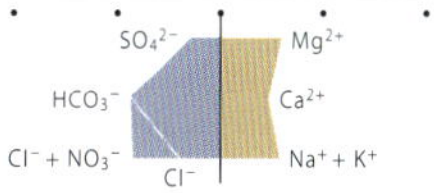

標高：台地平坦面40m、湧水35m、流末：白子川

※周辺拡大地図は次頁参照

❶斜面を降りる階段の右下が湧出箇所。❷湧出口には「東京の名湧水57選」の標木。❸池を出た林床の流れは自然のまま。❹白子川に落下する湧水。

練馬区内の憩いの森の中で一番広い。

39

稲荷山憩いの森

区部北部（成増台）

稲荷山憩いの森は清水山憩いの森の東隣にあり、やはり白子川による段丘斜面に位置する。森の北側、斜面を降りきったところに池があり、湧水はそこに湧いている。水はきれいに澄み、泳ぐ鯉や池底がくっきり見える。この湧き水はかつては農業用水として使われていたという。清水山憩いの森と同様にケヤキ、コナラ、エゴノキなどの雑木林に覆われ、ここにも清水山ほどではないが、春、桜の頃にカタクリの花が楽しめる。

練馬区土支田4-14

西武池袋線石神井公園駅／北北東／徒歩45分、バス利用：石神井公園駅から成増駅行で土支田2丁目下車徒歩5分／N35.45592 E139.36394

湧水データ（04.8.21調査）

水温	EC	pH	湧水量
17.4	28.0	6.1	多い

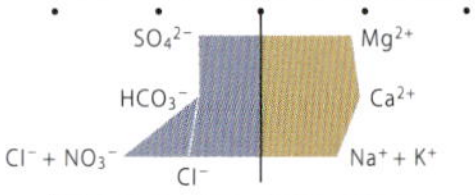

標高：台地平坦面37m、湧水28m、流末：白子川

森の端にあり直ぐそばまで住宅が迫る。湧水池はきれいに透き通っている。

小高い丘の裾にある湧出箇所は木杭で保護されている。

40 八の釜憩いの森

区部北部（成増台）

練馬区東大泉2-27

西武池袋線大泉学園駅／東北東／徒歩20分、バス利用：石神井公園駅から成増駅行で比丘尼橋下車徒歩5分／

N35.45199 E139.35537

湧水データ（06.8.14調査）

水温	EC	pH	湧水量
17.1	19.8	6.4	多い

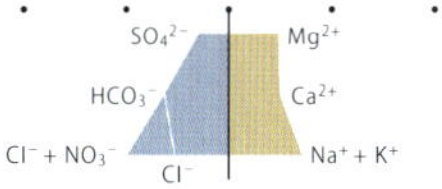

標高：台地平坦面45m、湧水36m、流末：白子川

❶水面を揺らすように湧いている。❷湧水の流れでは子供たちが遊ぶ。

白子川の右岸、びくに公園とこんもりとした八の釜憩いの森の間を小川が流れ、それをたどった先に八の釜（やのかま）の湧水がある。丘裾の湧出地は木杭で保護され、水は木杭の間から湧いている。八の釜の名は、湧水池を「釜」ともいい、このあたりで八番目の釜だったからとも、谷（や）の釜と呼んでいたのが谷の形に合わせて八の釜となったともいわれる。ちなみに「びくに（比丘尼）」は尼僧のことで、江戸末期に付近の寺に尼僧が住んでいたからとされる。

湧水により池状の白子川源流は親水空間になっている。

41

大泉井頭公園

区部北部（成増台）

大泉井頭（いがしら）公園は白子川に沿ってのびる南北350メートルほどの細長い公園。南端は七福橋でここが白子川の最上流にあたり、水辺には遊歩道や水面をわたる木道などが整備されている。湧水は川底や護岸の裾、水抜きパイプなどから湧き、それらが集まって白子川の流れとなっている。現在はコンクリートで護岸されているが、このあたりは、かつては井頭池とか弁天池と呼ばれる池だったという。

源流下流の白子川。川岸を緑が覆う。

練馬区東大泉7-34
西武池袋線保谷駅／東南東／徒歩14分／
N35.44391　E139.34363

湧水データ（06.8.21調査）

水温	EC	pH	湧水量
18.0	21.4	6.3	多い

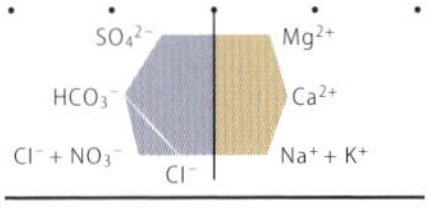

標高：台地平坦面50m、湧水46m、流末：白子川

突き当たりが七福橋。

武蔵野段丘北部・狭山丘陵の湧水

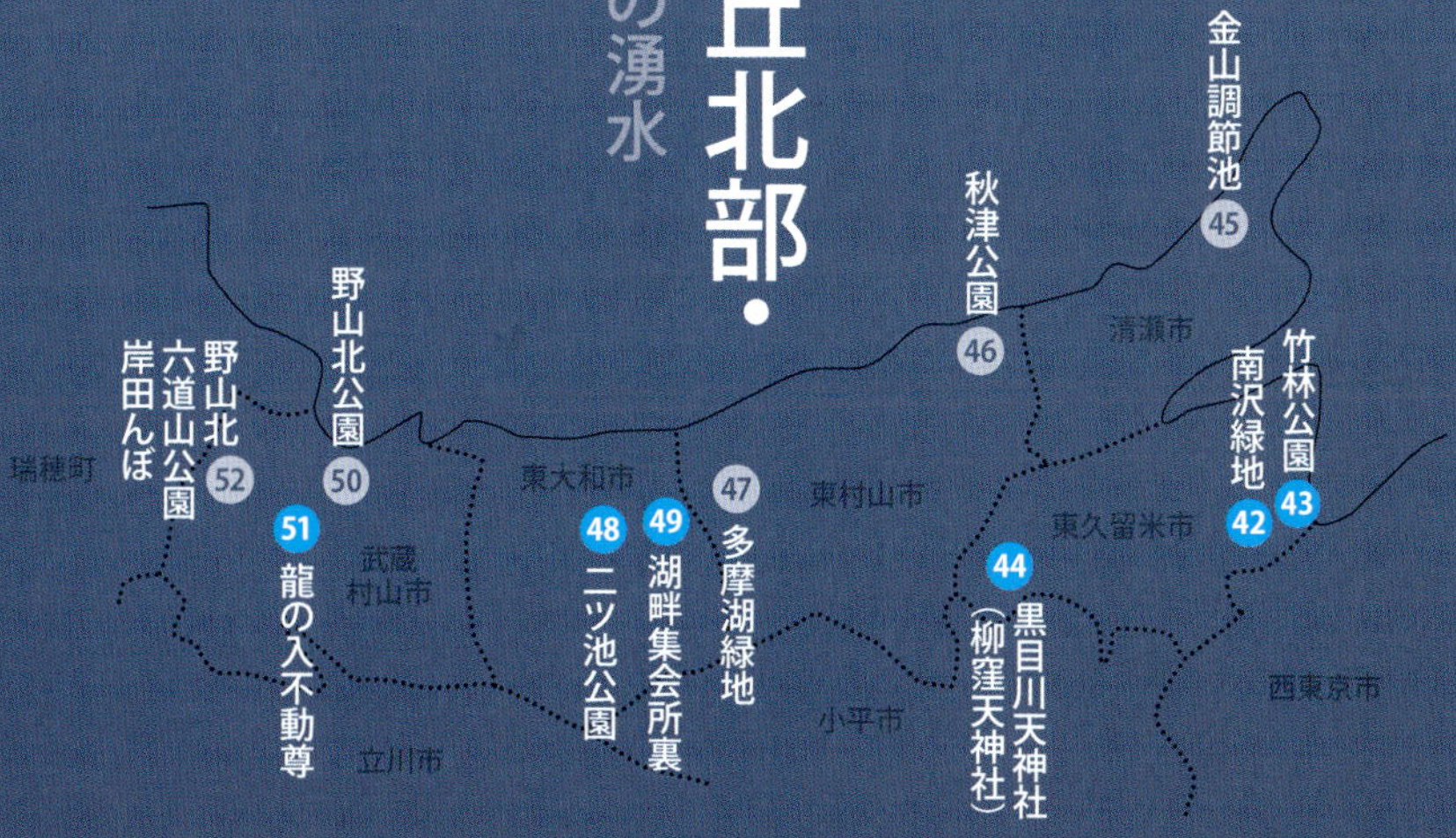

● は「東京の名湧水57選」（東京都環境局）に選定されている湧水です。

42

南沢緑地

武蔵野段丘

南沢緑地は落合川に向かって下る緩斜面地にあり、武蔵野の面影を残し、東京都の緑地保全地域に指定されている。湧水はクヌギやコナラ、タケなどに覆われた雑木林の中にあり、1カ所は竹林の根元、もう1カ所は斜面裾に湧き、南側の水路に注ぐ。水路は緑地奥の東京都水道局南沢浄水所から流れ出ている。立ち入れないが、その敷地内にも湧水が2カ所あり、水量はそちらがはるかに多い。保全地域全体の湧水は1日に1万トンともいわれ、水路の流量は驚くほどだ。古来よりこのあたりは湧き水が豊かで、緑地そばの南沢氷川神社はその守り神でもある。近くの向山緑地公園や竹林公園にも湧水がある。

南沢浄水所内から流れ出す豊かな湧水の流れ。

❶竹林の根元の湧水。
❷斜面裾の木立に湧くせせらぎ。
❸夏、水路はいつも子供たちの姿でにぎわう。

❹南沢氷川神社。この神社の看板を目印にたどるとよい。❺湧水の流れは川底までくっきり。❻武蔵野の面影を残す緑地の雑木林。❼向山緑地公園の湧水。

東久留米市南沢3-9

西武池袋線東久留米駅／南西／徒歩18分／
N35.45090　E139.31348

湧水データ

● 保全地域内（06.8.28調査）

水温	EC	pH	湧水量
17.0	24.0	6.0	多い

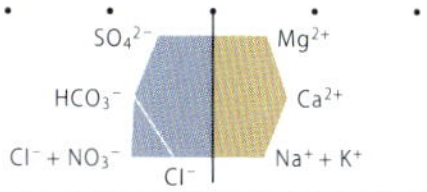

● 浄水場内（06.8.28調査）

水温	EC	pH	湧水量
17.5	26.6	5.9	多い

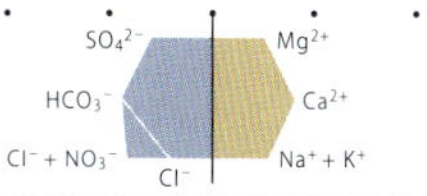

標高：段丘平坦面55m、湧水49m、流末：落合川

43
竹林公園
武蔵野段丘

名前のとおり約2千本に及ぶ竹林が素晴らしい公園。タケはケヤキやシラカシなどとともに武蔵野に多い植生で、昔、市内に点在する農家には必ず竹林があったという。この公園はその景観を後世に伝える保全緑地である。湧水へは正門から入って、美しい竹林を抜け、雑木林の中のせせらぎをたどる。澄んだ湧水池の脇には、小さな石の祠が幣（ぬさ）を納めて佇む。南沢緑地から700メートルほど下流の落合川右岸の斜面に位置する。

❸湧出地は小さな池になっている。❹池脇には石の祠。

東久留米市南沢1-7
西武池袋線東久留米駅／南／徒歩15分／
N35.45167 E139.32026

湧水データ（06.8.28調査）

水温	EC	pH	湧水量
16.8	24.9	6.0	多い

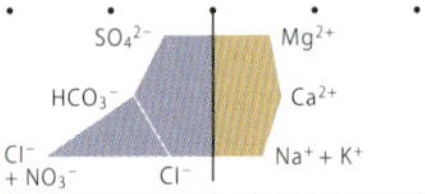

標高：段丘平坦面55m、湧水44m、流末：落合川

❶竹林は感動するほどに美しい。
❷雑木林の緑を映す湧水のせせらぎ。

湧水は黒目川の川床に湧きそのまま下流へ向かう。

武蔵野段丘

44 黒目川天神社

柳窪天神社

黒目川沿いの柳窪は、昔は小麦〝柳久保〟の生産で知られた農村。黒目川天神社のあたりは、旧家の生垣や屋敷林、点在する畑など今も武蔵野の農村風景をとどめる。黒目川の源流はかつては小平霊園の〝さいかち窪〟だったが、現在は天神社付近の湧水。しかし、水量は少なく涸れることもある。比較的多いのは秋の長雨の時期で、台風の大雨が重なったりすると、天神社前の湧出は増え、稀にさいかち窪にも湧水が復活することがある。

❶天神社も黒目川も木立の中にひっそりとある。❷〝幻の池〟といわれる小平霊園のさいかち窪。

東久留米市柳窪4-15

西武新宿線小平駅／北／徒歩20分／
N35.44518　E139.29229

湧水データ（08.6.29調査）

水温	EC	pH	湧水量
17.8	25.3	6.4	少ない

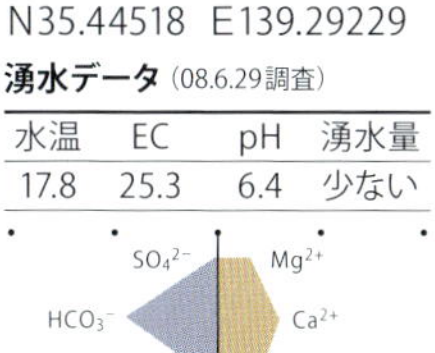

標高：段丘平坦面68m、湧水65m、流末：黒目川

狭山丘陵

45 金山調節池

東京と埼玉の都県境を流れる柳瀬川の左岸脇に金山調節池がある。大雨の時に柳瀬川の水を一時的に流入させて氾濫を防ぐための施設である。この調節池にも湧水が見られる。西側の土手下の池端が一番湧出が多そうだが、地元の人の話では降雨に左右されるという。南端でも護岸から湧水が池に注いでいる。この調節池と道を挟んで清瀬金山緑地公園が広がり、そこから柳瀬川の河原に降りることもでき、一帯は市民の憩いの場となっている。

❶湧水は浅い地下水で、これは池西端のもの。❷湿生植物が茂る手前角にも湧いている。❸隣に広がる清瀬金山緑地公園。

清瀬市中里6-439

JR武蔵野線東所沢駅／南東／徒歩20分、バス利用：西武池袋線清瀬駅北口から台田団地行または志木駅行で下田下車徒歩5分／N35.47213　E139.31234

湧水データ（99.5.29調査）

水温	EC	pH	湧水量
15.4	30.2	6.6	多い

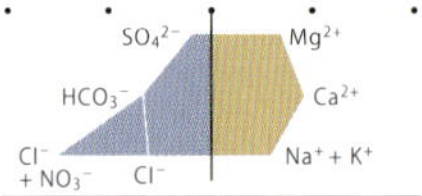

標高：丘陵平坦面36m、湧水32m、流末：柳瀬川

調節池の面積は31,500㎡、柳瀬川は右手の土手下を流れる。

狭山丘陵

46 秋津公園

新秋津駅の西側に「秋津のお不動様」として親しまれてきた秋津神社がある。境内左手から裏手崖下に下りると、そこに池があり水際に湧いている。量は少ない。ここは秋津公園として整備されており、公園から少し下ると柳瀬川がくねくねと蛇行している。

東村山市秋津町5-27-1

JR武蔵野線新秋津駅／北西／徒歩3分、西武池袋線秋津駅から徒歩8分／N35.46439　E139.29323

湧水データ (06.8.16調査)

水温	EC	pH	湧水量
17.3	18.5	6.4	少ない

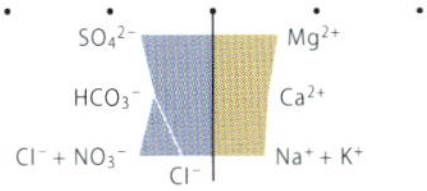

標高：丘陵平坦面60m、湧水55m、流末：柳瀬川

❶湧水は池の奥、崖下の水際にある。❷公園へはこの本殿左手から下りる。

狭山丘陵

47 多摩湖緑地

武蔵大和駅から坂道を上り、回田小学校を過ぎるとすぐ、右手に森が見える。それが多摩湖緑地で、急斜面の雑木林の観察路を下ると小さな湧水池がある。湧水は雑木林下の農道沿いにも見られ、これらを集めたせせらぎが畑の脇を流れ懐かしい風景をつくっている。

❶湧水池にはトンボの姿も。❷湧水路が懐かしい風景をかもす。

東村山市多摩湖町2-21先

西武多摩湖線武蔵大和駅／北北東／徒歩9分／N35.45350　E139.26439

湧水データ (04.8.21調査)

水温	EC	pH	湧水量
23.1	14.1	7.3	少ない

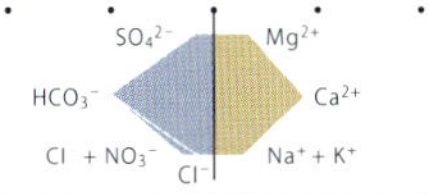

標高：丘陵平坦面100m、湧水90m、流末：柳瀬川

48 二ツ池公園 49 湖畔集会所裏

二ツ池というが池は一つ。

二ツ池公園の湧水は苔むした地面を流れて池へ。

村山貯水池（多摩湖）と東大和公園に挟まれた低地に二つの湧水がある。一つは前川の源流となっている二ツ池公園の湧水で、池の少し上手に湧いている。量は多くはなく、残念ながら池の水も澱んでいる。もう一つは公園から道なりに北へ250メートルほどの湖畔集会所の裏手。石垣の崖下に湧く水を利用してビオトープがつくられている。決して広くはないが、水草やスイレンが咲き、トンボが舞い、ほっとする空間となっている。

●二ツ池公園
東大和市湖畔3-1085

西武多摩湖線武蔵大和駅／西／徒歩30分、バス利用：武蔵大和駅入口から「ちょこバス」内回り循環で二ツ池公園下車すぐ／N35.45212　E139.25433

湧水データ（04.8.21調査）

水温	EC	pH	湧水量
22.6	12.6	7.5	少ない

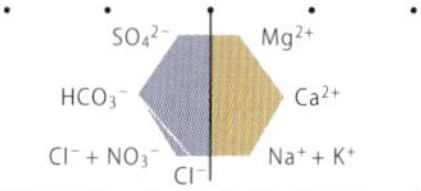

標高：丘陵平坦面118m、湧水105m、流末：前川

●湖畔集会所裏
東大和市湖畔
2-1044-234

西武多摩湖線武蔵大和駅／西／徒歩27分、バス利用：武蔵大和駅入口から「ちょこバス」内回り循環で湖畔集会所下車すぐ／N35.45291
E139.25483

湧水を利用した湖畔集会所裏のビオトープ。トンボはビオトープの常客。

狭山丘陵

50 野山北公園 51 龍の入不動尊

野山北公園には谷戸田の風景が広がる。

いずれも狭山丘陵の谷戸の湧水で、野山北公園は都立野山北六道山公園の東に入り込んだ谷戸に位置する市立の自然公園。谷頭から流れ下る湧水は、田んぼを潤し池をつくっている。水質分析の結果では浅い地下水というより雨水に近いといえる。

一方の龍の入不動尊の湧水は、野山北六道山公園の南の谷戸にある。こちらは不動尊境内の池に落ち、狭山三滝の一つ「白糸の滝」として古代から尊ばれていたと伝えられる。

谷戸田の奥（手前）から流れ下る。

※周辺拡大地図は次頁参照

● 野山北公園
武蔵村山市本町5-31-24

西武拝島線武蔵砂川駅／北／バス利用：JR立川駅北口から箱根ヶ崎行バスで横田下車徒歩15分／N35.45479 E139.22548

湧水データ（99.5.29調査）

水温	EC	pH	湧水量
19.7	10.0	8.2	普通

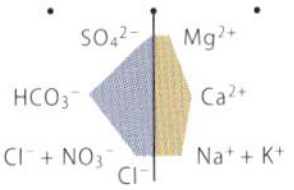

標高：丘陵平坦面160m、湧水140m、流末：空堀川

● 龍の入不動尊
武蔵村山市三ツ木5-9-5

西武拝島線武蔵砂川駅／北／バス利用：JR立川駅北口から箱根ヶ崎行バスで長円寺下車徒歩5分
N35.45396 E139.22519

❶白糸の滝と呼ばれた龍の入不動尊の湧水。❷清めの水は龍の口から。

狭山丘陵

52 野山北六道山公園 岸田んぼ

❶秋、水田への水を止めた取水口。
❷田んぼ前に建つ里山民家。

谷戸最奥の溜め池に流れ込む湧水。

武蔵村山市岸2丁目

西武拝島線武蔵砂川駅／北北西／バス利用：JR中央線立川駅北口から箱根ヶ崎行バスで岸下車徒歩15分／N35.46218　E139.22044

「岸田んぼ」は、前頁の市立野山北公園や龍の入不動尊と同じように、狭山丘陵に切れ込んだ谷戸の一つ、宮野入谷戸にある。ここではボランティアによる里山再生の取り組みが行われ、谷戸入口に活動拠点でもある里山民家が佇み、裏手に岸田んぼが広がっている。この田んぼの水は谷戸の一番奥にある湧水の溜め池から引かれている。もっとも、現在、溜め池の堰は年中閉じられることはない。そのためと、水量が昔ほどでないせいもあり、ボランティアによれば、渇水期の夏場は水田を潤すのにギリギリだという。

谷戸中ほどの池と岸田んぼのある宮野入谷戸の風景。

立川段丘・青柳段丘の湧水

● は「東京の名湧水57選」（東京都環境局）に選定されている湧水です。

池の左奥にも湧いている。

湿地にはヨシ、ガマ、オギなどが繁る。

立川段丘

53 矢川緑地

矢川は立川段丘の湧水を集める約1・5キロの小さな川。その水源の一つとなっているのが、JR矢川駅の北西に位置する矢川緑地保全地域である。緑地は矢川を挟んで北側に雑木林が茂り、湧水は林の北辺や池の際に湧いて流れに注ぐ。南側は湿地が広がり、その中を木道がめぐる。流れの上流へ西側の道路を渡ると、矢川弁財天の井戸があり、裏手に湧水による清流が顔をのぞかせている。もっと上から流れてくるのだが、ここまでは暗渠となっている。一方、緑地から出た矢川沿いには甲州街道まで楽しい散策路

矢川緑地の中を流れる矢川。湧水は雑木林の中に湧く。

が続き、途中、親水広場やホタル飼育池、屋敷林、洗い場などがある。甲州街道をくぐった矢川は青柳段丘を下り、ママ下湧水の流れとともに府中用水に流れ込む。

緑地は子供たちの格好の遊び場。

草むらに湧く雑木林北側の湧水。

❶道路を隔てて西側にある矢川弁財天の井戸。
❷弁財天裏手の清流。上流は暗渠になっている。

立川市羽衣町3-26

JR南武線矢川駅／北西／徒歩13分／N35.41167　E139.25317

湧水データ

● 矢川緑地（06.8.7調査）

水温	EC	pH	湧水量
18.4	20.1	6.8	多い

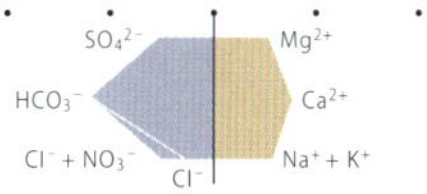

● 矢川弁財天裏（04.8.23調査）

水温	EC	pH	湧水量
18.5	23.1	6.5	普通

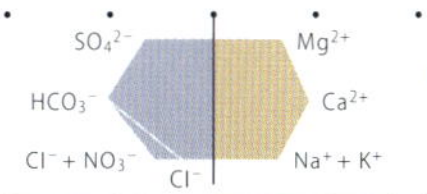

標高：段丘平坦面80m、湧水75m、流末：矢川

❸緑地の下流にある矢川いこいの広場。
❹流れにせり出した洗い場。

崖線の裾に小川をつくるママ下湧水の流れ。一帯には田園風景が残る。

54 ママ下湧水

❶「上のママ下」の湧水。記念碑に昭和初期までワサビ栽培を行っていたとある。
❷玉石の隙間からどんどん湧く。

❸竹柵の外への流れに都内有数という湧出量が見て取れる。
❹府中用水に流れ込むママ下湧水（左）と矢川（右）。

立川段丘に抱かれて南に位置する青柳段丘は多摩川によってつくられた段丘。この崖線下に湧水が点在し、近年、ママ下湧水公園として整備されている。「ママ」とはこの地域で崖を指し、そこから

の湧き水を「ママ下湧水」と呼ぶ。とりわけ湧出量が多いのは「上のママ下」（老人ホームのそば）。竹の柵の奥、玉石で防護された崖裾からまるで小川のように流れ出ている。湧出はさらに西と、崖線を横断する都道の真下や滝乃川学園の下にも見られ、その少し東で流れは滝乃川学園構内を下ってきた矢川とともに府中用水（谷保分水）に合流。崖線はさらに東へ続き、くにたち郷土文化館の先にもわずかに湧出がある。ママ下の一帯は、まだ懐かしい田園風景をとどめている。

国立市泉3-1
JR南武線矢川駅／南西／徒歩18分／
N35.40494 E139.25359

湧水データ

● 上のママ下（06.8.7調査）

水温	EC	pH	湧水量
18.7	22.3	6.6	多い

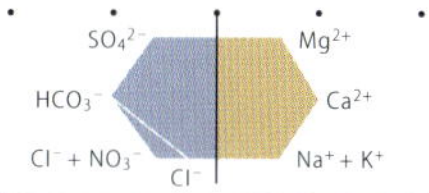

● 郷土文化館東（04.8.24調査）

水温	EC	pH	湧水量
19.5	24.5	6.6	少ない

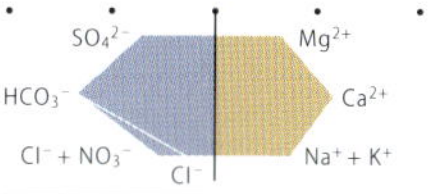

標高：段丘平坦面70m、湧水65m、流末：矢川

❺道路の下流、滝乃川学園下の湧水。❻量は少ないが郷土文化館東の民家脇にも湧く。❼道路下の湧水の流れ。

湧水は緑道を流れるかつての農業用水路に注ぐ。

立川段丘

55 西府町湧水

谷保天満宮と連続する崖線（立川段丘）にあり、天満宮脇の水路をたどっても訪ねられる。崖下の水路は下の川とも市川とも呼ばれ、西府町あたりは市川緑道となっている。湧水はこの緑道から崖を上る階段の脇に湧き、池をつくり水路に注ぐ。量は多くないが枯れることはないという。崖線はシラカシ、ケヤキ、ニセアカシアなどの森で、府中に残された貴重な自然林。緑道を下ると数ヵ所の湧水の滲み出しやカワニナ飼育中の立札も見かける。

府中市西府町1-43

JR南武線西府駅／西北西／徒歩7分／N35.40190 E139.27109

湧水データ (08.6.29調査)

水温	EC	pH	湧水量
17.3	20.5	6.6	普通

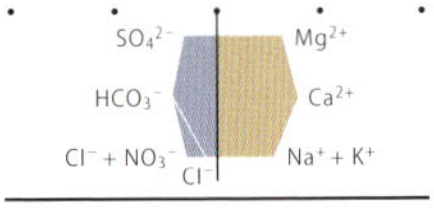

標高：段丘平坦面65m、湧水56m、流末：多摩川

❶ちょうど人が立っている奥に湧く。
❷粘土質の裂け目から束になって出てくる。

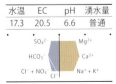

56 常盤の清水 57 清水の茶屋跡

国立市谷保5209
JR南武線谷保駅／西南西／徒歩5分／N35.40506 E139.26360

湧水データ

● 常盤の清水（08.6.29調査）

水温	EC	pH	湧水量
17.6	24.5	6.4	少ない

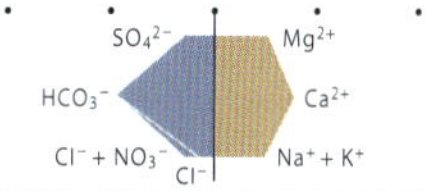

● 清水の茶屋跡（08.6.29調査）

水温	EC	pH	湧水量
17.6	24.2	6.5	多い

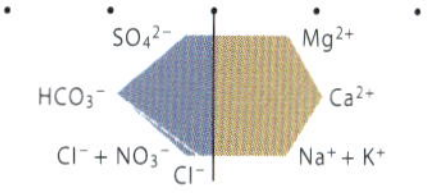

標高：段丘平坦面71m、湧水64m、流末：多摩川

旅人を潤した清水の茶屋跡の湧水は量が多い。

谷保天満宮（903年創建）の本殿裏に回ると、厳島神社を囲む湧水の池があり、その西側に「常盤の清水」がある。三百数十年前、ある僧が「とことはに湧ける泉のいやさやに…」と詠んだのが名の由来と伝えられる湧水は枯れたことがなく、昔は付近の人々の井戸として使われていた。常盤の清水を出て甲州街道を地下道でくぐった左手の歩道下に小さな流れが見える。ここが「清水の茶屋跡」で、江戸時代、夏は甲州道中を旅する人々を湧水にさらしたそばやそうめんでもてなしたという。

❶常盤の清水は浅井戸の底に湧く。石段が清水の利用を偲ばせる。
❷谷保天満宮は湯島・亀戸と並ぶ関東三大天神の一つ。
❸厳島神社の池も湧水だが少ないときはポンプアップで補水。

❷

❸

❶

歴史を感じさせる石組の下部から二条の落下がある。

立川段丘

58 瀧神社

大國魂（おおくにたま）神社の社務所が掲げた〝お滝のいわれ〟に、「この滝は大國魂神社の末社である」とあり、滝そのものを祀る。湧水の滝は鳥居右手の急崖にある。かつては水量が多かったのだろうが、現在は滝というより滴り。5月連休の大國魂神社の大祭は「くらやみ祭」として有名だが、大祭に参加する神職や神馬は3日の夕刻にこの滝の水で身体を清めてきた。今も全員ではないが神職がそれを行っており、神聖な湧水である。

これは裏手の鳥居。
急崖にあることがわかる。

府中市清水が丘2-37-1
京王線東府中駅／南／徒歩6分／
N35.39567 E139.29420

湧水データ（04.8.24調査）

水温	EC	pH	湧水量
18.4	24.2	6.7	少ない

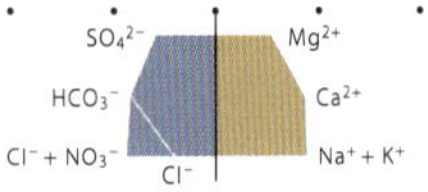

標高：丘陵平坦面50m、湧水44m、流末：多摩川

滝は鳥居右手のフェンスに囲まれてある。

日野台地・加住丘陵の湧水

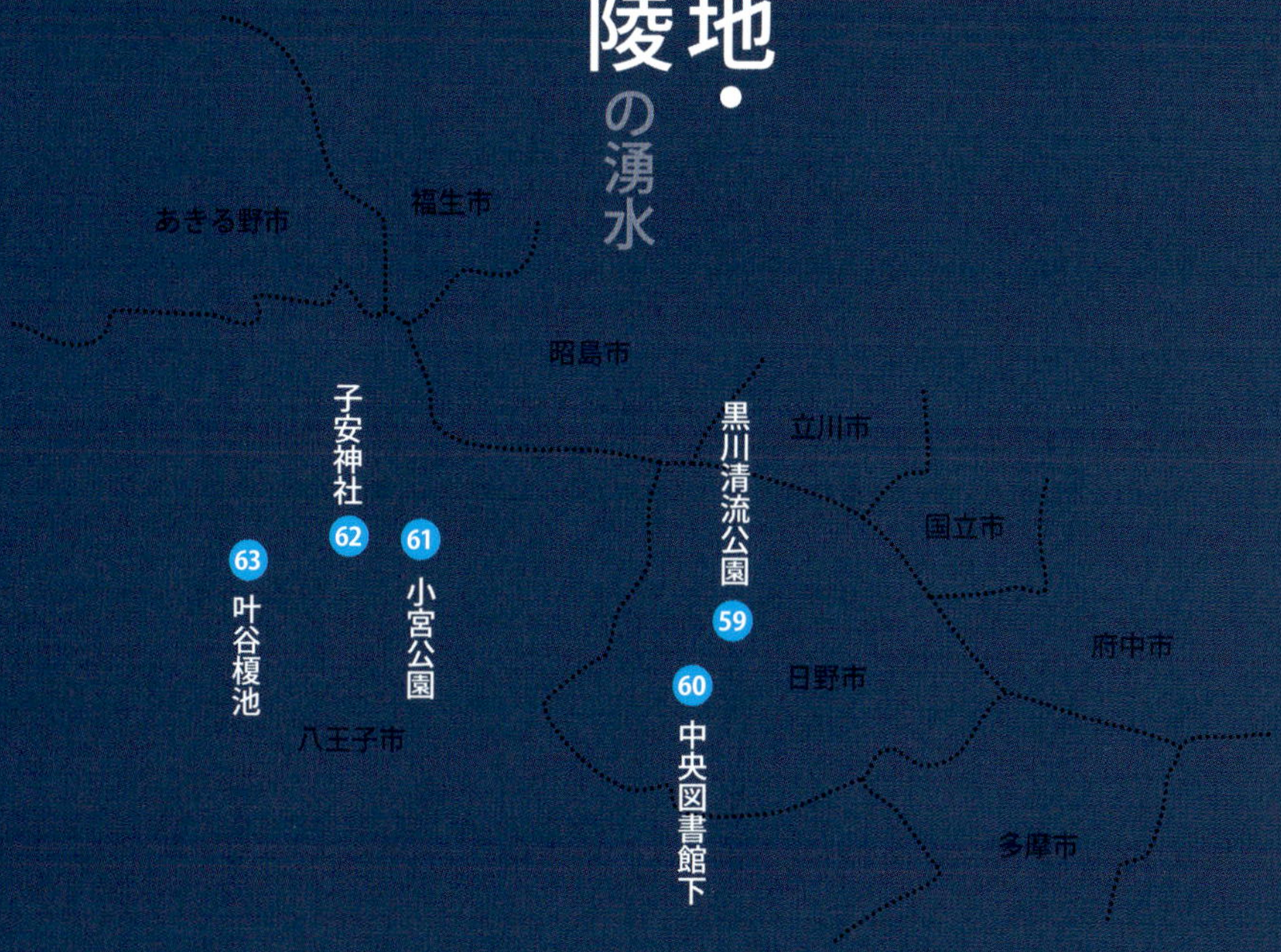

● は「東京の名湧水57選」(東京都環境局) に選定されている湧水です。

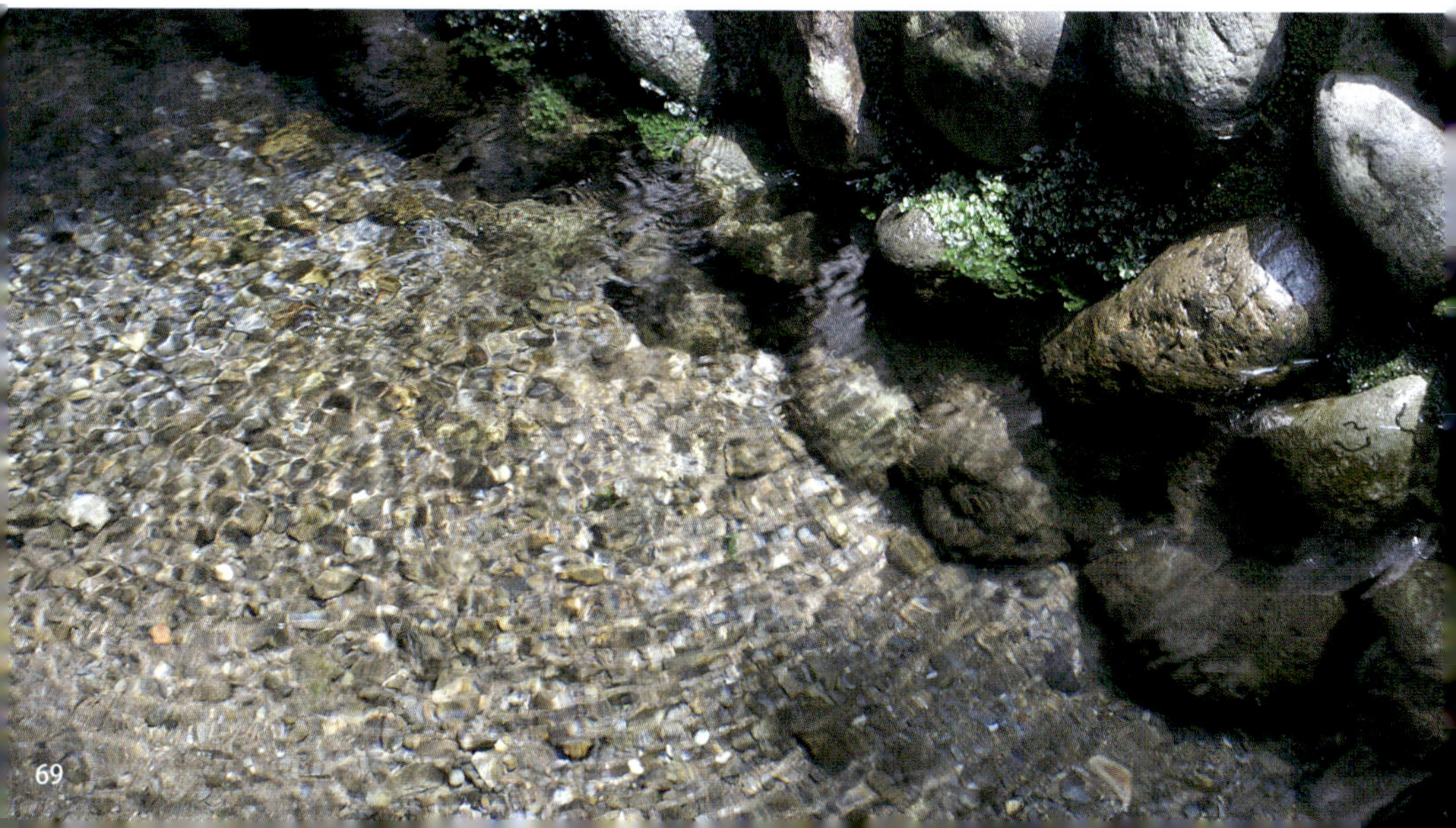

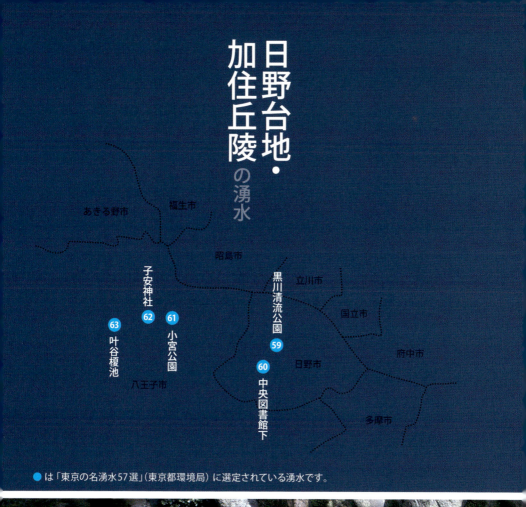

59 日野台地 黒川清流公園

湧水を集めて流れる黒川清流公園のせせらぎ。
同公園を含む崖線一帯は東豊田緑地保全地域でもある。

日野台地の湧水は浅川側の段丘に多く見られ、その代表が黒川清流公園とその周辺。豊田駅北口から右手に少し下ると、清水谷公園、山王下公園、同公園前緑地の湧水が続き、路地に水音を響かせている。しかし、これは序の口。黒川防災広場の先に約600メートルにわたって続く黒川清流公園には、「あずまや池」「花の広場（旧果樹園下）」「わきみず池」「清流広場」付近をはじめ6〜7カ所の湧水があり、名前のとおり清流をかたちづくっている。いずれも雑木林の崖線裾に湧き、池や水路に注ぐ。あずまや池の脇にはワサビ園（民間）もある。繁華街の近くにこれほどの湧水群があることは実に素晴らしい。

❶清流の始まりはあずまや池の湧水。池脇にワサビ園（民間）もある。❷雑木林から流れ出る湧水。❸雑木林の中には遊歩道があり散策に絶好。

日野市東豊田3–16

JR中央線豊田駅／北東／徒歩10分／あずまや池：N35.39504 E139.23043

湧水データ（06.8.6調査）

● 黒川清流公園・あずまや池

水温	EC	pH	湧水量
18.1	17.5	6.8	多い

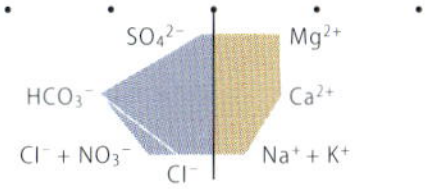

● 黒川清流公園・清流広場

水温	EC	pH	湧水量
17.3	16.8	6.4	多い

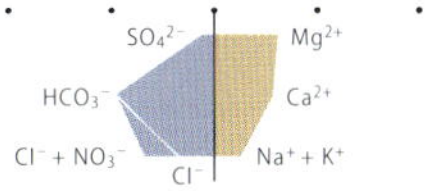

● 清水谷公園

水温	EC	pH	湧水量
18.5	18.8	6.5	多い

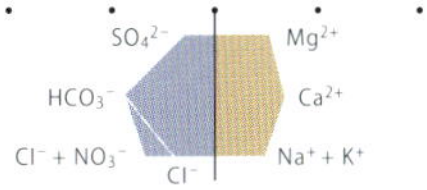

標高：台地平坦部100m、湧水93〜94m、流末：浅川

子供たちの遊び場でもある清流広場。

この大池にも2つの湧水が注ぐ。

山王下公園前。湧水測定装置が置かれている。

清水谷公園の湧水池。駅からほんの数分。

日野台地

60 中央図書館下

日野台地は中央線豊田駅の南東400メートル付近で、浅川に向かってもう一段落ち込む。日野市立中央図書館下の湧水はこの崖線に位置する。図書館の裏手、丸太で防護された崖下奥に最も多く湧き、道路下を横断した流れは音を立てて水路を駆け下る。このあたりから北東方向に弧を描いて続く崖線には、いくつもの湧水が点在し、清流の水路があちこちにある。たと

湧水量は水路奥の突き当たりが最も多い。

図書館を見上げる崖下の湧水は丸太で防護されている。

日野市豊田2–49

JR中央線豊田駅／南／徒歩7分／N35.39207 E139.22557

湧水データ (06.8.6調査)

● **中央図書館下**

水温	EC	pH	湧水量
16.9	17.1	6.7	多い

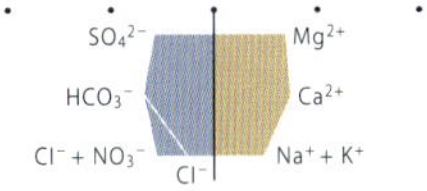

● **民地3**

水温	EC	pH	湧水量
19.9	22.1	6.8	多い

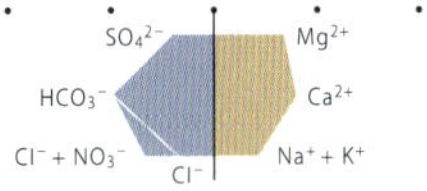

● **民地4**

水温	EC	pH	湧水量
18.7	21.8	6.8	多い

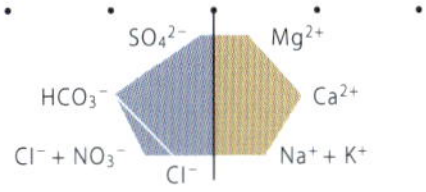

標高：台地平坦部 90m、湧水80～84m、流末：浅川

えば、図書館下から坂の途中で右手の道に入ると民地下に湧水があり、道路に流れ出ている。白鬚神社の崖下やその先にも湧水がある。残念ながらそれらは民地に湧くため、敷地の外から見るだけだが、湧水を集めた水路をたどるだけでも楽しい。

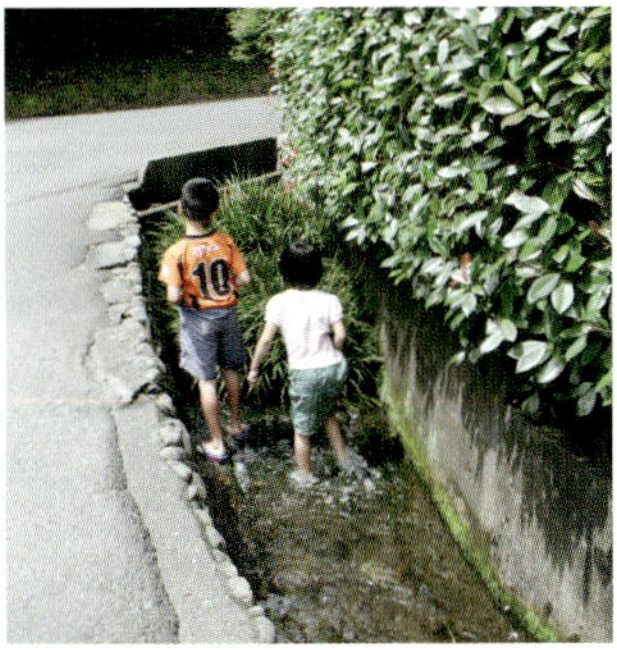

道路下をくぐった図書館下湧水の流れ。

❶**民地1**：道路際に湧き道路から水路へ。❷**民地3**：白鬚神社下の湧水も水量が多い。❸**民地4**：水路への注ぎ口にはこんな立札が。

❹❺❻豊田3・4丁目一帯には清流の水路が多い。

加住丘陵

61 小宮公園

❶沢を下る湧水の流れ。❷湧水量が多いときはこのように砂を噴き上げる。

美しい雑木林の中に木道が伸びている。

湧水の一部を溜める大谷弁天池。

浅川北岸の加住丘陵にあるこの公園は、雑木林の美しさで恐らく都内屈指である。園内には木立を縫うように大谷沢の流れに沿って木道が伸び、それをたどると源の湧水に至る。水量は増減が大きいが、多いときにはキノコ雲のように砂を噴き上げる。沢を下った湧水は、16号バイパスへ続く道側の公園入口にある大谷弁天池を満たす。この溜め池は天明の飢饉（1782〜87）のときに、新田開発のために八王子千人同心頭の萩原氏が掘ったものだという。

八王子市暁町2–41–6

JR中央線八王子駅／北／徒歩30分、バス利用：JR八王子駅からバイパス経由宇津木台行、または警察署前経由中野団地行で八王子郵便局前下車、徒歩10分／N 35.40242 E 139.20229

湧水データ (06.8.6調査)

水温	EC	pH	湧水量
15.7	8.0	6.5	普通

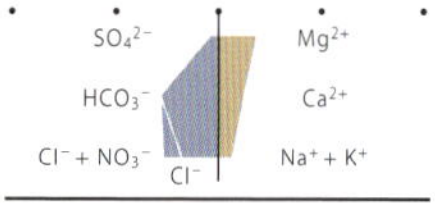

標高：丘陵平坦面 170m、湧水 135m、流末：浅川

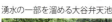

加住丘陵

62 子安神社

子安神社は木花開耶姫命（このはなさくやひめのみこと）を祀る安産子育ての神社。丘陵の麓に佇み、水は社殿崖下の石垣の裾から小さな池に絶え間なく湧く。地元の人々に「明神様の泉」と親しまれてきた湧水は、きれいに積まれた石組や祠からも大切にされてきたことがわかる。水質がよく水量も豊富で池底の細かな砂利までくっきりと見える。池の際と池から流れ出る水路には段がしつらえられていて、水を汲む人や野菜を洗う農家の人の姿を見かけることができる。

池から流れ出た水路の洗い場。

八王子市中野山王2–33

JR中央線八王子駅／北西／徒歩50分、バス利用：JR八王子駅から中野団地行で中野北小下車、徒歩5分／N35.40350　E139.19344

湧水データ（06.8.6調査）

水温	EC	pH	湧水量
17.8	18.3	6.7	多い

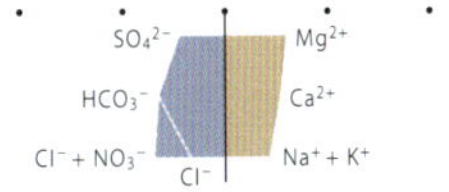

標高：丘陵平坦面 140m、湧水125m、流末：浅川

❶崖上に緑陰に佇む社殿。
❷水は石組の裾に湧き出す。

きれいに積まれた石垣の上では祠が見守る。

加住丘陵

63 叶谷榎池

❶張り出した榎の枝が池を覆う。
❷これは桜の根元からの湧水。

八王子市叶谷町1079

JR中央線西八王子駅／北西／徒歩45分、バス利用：JR八王子駅から繊維団地行または恩方車庫行または宝生団地行などで叶谷下車、徒歩７分／N35.40205 E139.18000

湧水データ（08.6.29調査）

水温	EC	pH	湧水量
16.9	19.9	6.4	多い

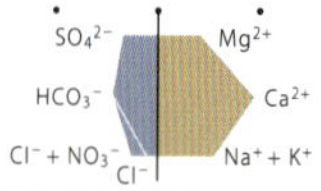

標高：丘陵平坦面 141m、湧水138m、流末：浅川

住吉神社の北側、東に向かってゆるやかに傾斜する住宅街の中に、ぽっかりと空地があり、そこにこの湧水はある。名前のとおり樹齢数百年という榎に抱かれるように小さな池があり、水はその根元とそばの桜の根元にも湧いている。榎の下には洗い場もある。澄んだ水は草むらにせせらぎをつくり、子供たちの格好の遊び場となっている。路の入りくんだ住宅街のためわかりにくいが、叶谷のバス停から北東をめざすとよい。

洗い場側から見た榎池。湧水は黄菖蒲の向こうへせせらぎをつくる。

拝島丘陵・秋留台地
草花丘陵の湧水

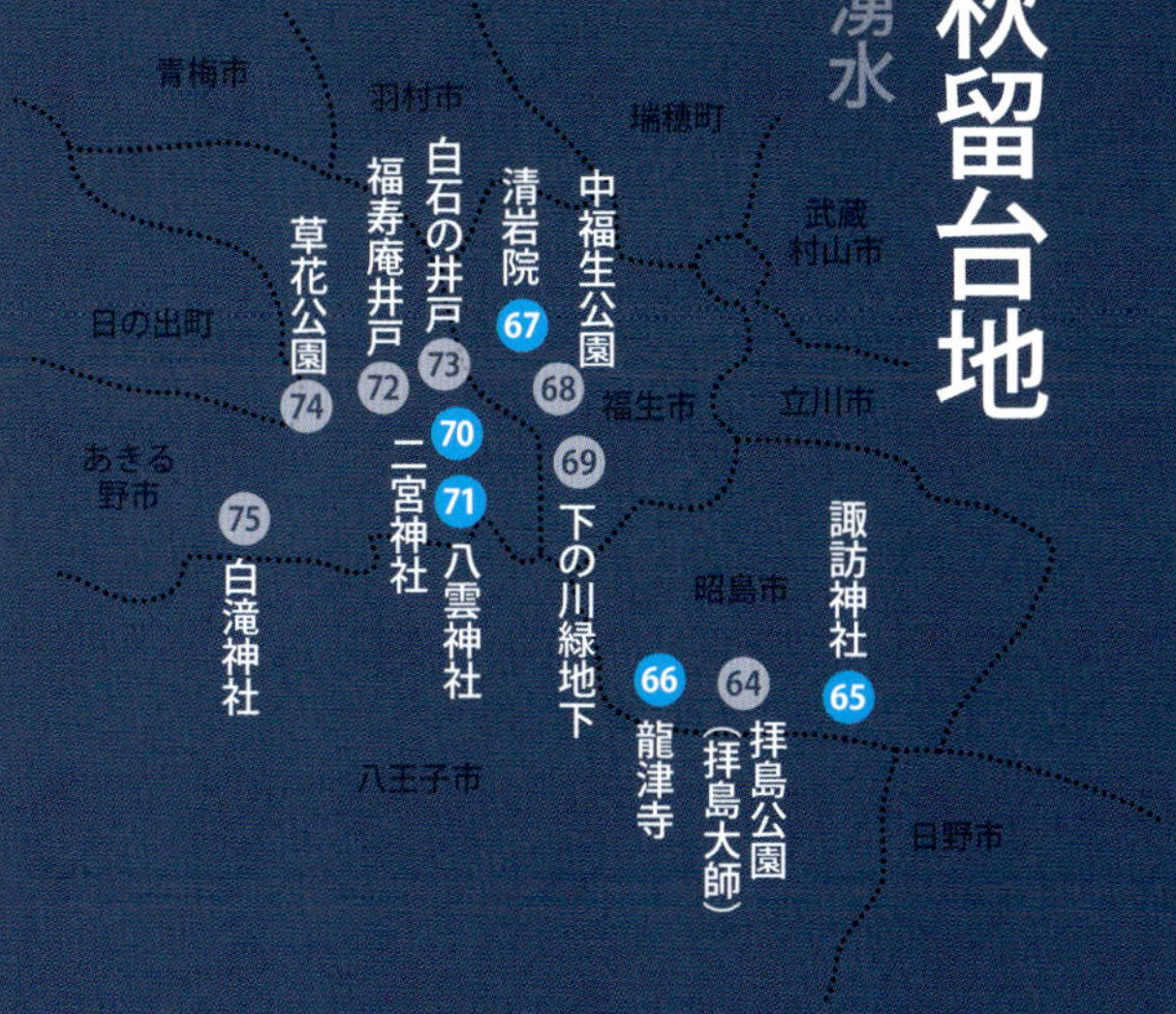

● は「東京の名湧水57選」（東京都環境局）に選定されている湧水です。

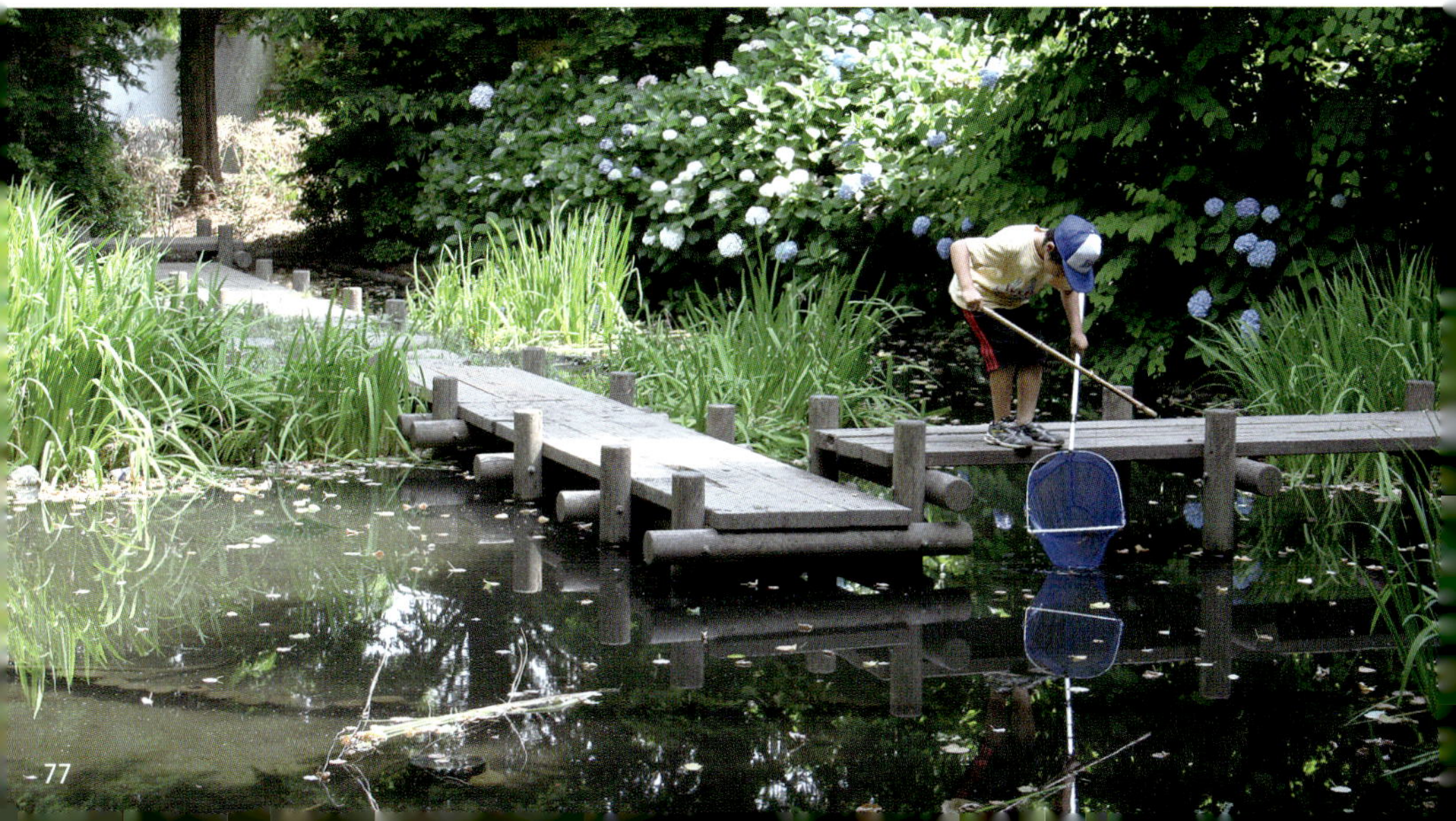

64 拝島公園

拝島大師

大日堂の下の池に水音を響かせる湧水の滝。

池を前に佇む拝島大師本堂と多宝塔。

拝島大師の湧水は本堂足元の花の下に滴る。

多摩川左岸の拝島丘陵にあり、拝島大師（本覚院）、大日堂、日吉神社などの一帯を総称して拝島公園と呼ぶ。拝島大師（1578創建）は正月2日・3日のだるま市でも知られる。湧水は本堂西側の足元に湧いて多宝塔下の池に注いでいる。園内の湧水はそれだけでなく隣の大日堂では、東側の坂道脇と堂宇下の池端、さらに日吉神社の階段下左手の木立にもある。4カ所の中では池端の湧出が多く、滝となって水音を響かせている。大日堂は952年の創建といい、豊かな湧水が歴史をつくってきたのだろう。公園東側の国道16号線を渡ったところにも湧水のせせらぎがあり、ここには田んぼも残る。

昭島市拝島町1-6-15

JR青梅線昭島駅／西南西／徒歩23分、バス利用：JR立川駅北口から拝島営業所行で拝島大師前下車／N35.42206　E139.20492

湧水データ

● **拝島大師**（04.8.23調査）

水温	EC	pH	湧水量
17.6	19.5	6.9	少ない

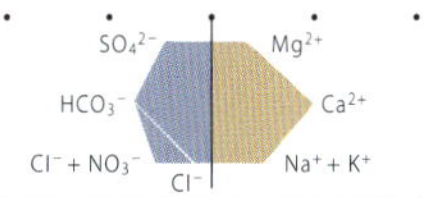

● **大日堂・池端**（06.8.7調査）

水温	EC	pH	湧水量
17.1	17.2	6.6	多い

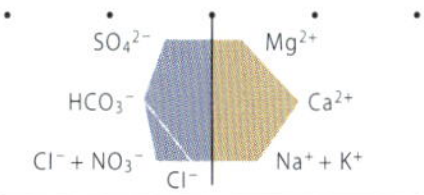

標高：丘陵平坦面100m、湧水97m、流末：多摩川

❶大日堂。湧水の池が左手にのぞく。❷石組が見事な大日堂東の坂道の湧水。❸日吉神社階段下の湧水。❹国道16号線横の田んぼ脇のせせらぎ。

拝島市宮沢町2-35-23

JR青梅線中神駅／南西／徒歩20分、バス利用：JR立川駅北口より拝島営業所行で宮沢下車徒歩3分／N35.42043 E139.22027

湧水データ

● **諏訪神社**（06.8.7調査）

水温	EC	pH	湧水量
16.8	19.2	6.7	多い

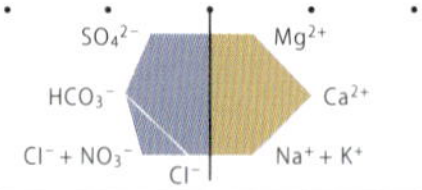

● **民地**（04.8.23調査）

水温	EC	pH	湧水量
17.3	27.2	6.9	多い

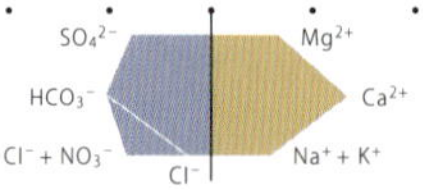

標高：丘陵平坦面95m、湧水87m、流末：多摩川

65 諏訪神社

拝島丘陵

❶境内を出て屋敷脇を流れるせせらぎ。
❷崖線中腹に立つ社殿。湧水は石垣の左手にある。

平安時代の創建と伝えられる諏訪神社は旧宮沢村の鎮守で、地名は神社と豊かな清水に由来する。境内は崖線に位置し、社殿は見上げる中腹に鎮座。湧水は崖下の木の根元に組まれた石組から、多いときはほとばしるように出て、短い水路を池に落ち込む。ほど近い民地にも湧水があり、そこでは自家用でワサビをつくっている。このあたりの湧水は生活に利用され、江戸時代から続く「水の講」(水を守る寄り合い)が今もあり水路を守っている。

多いときはこのように石組からほとばしる。

近くの民地では今もワサビ栽培。

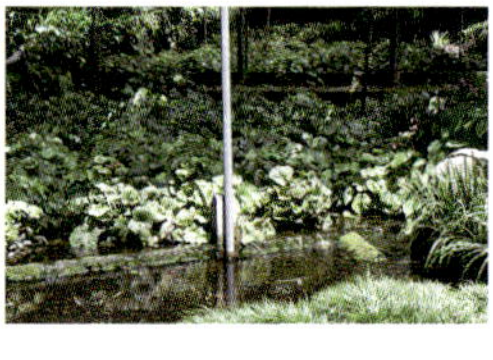

一番上流の湧水は巨石を流れ落ちる。

66 龍津寺

拝島丘陵

龍津寺（りゅうしんじ）は拝島丘陵が多摩川に落ち込む際にあり、多摩川までは400メートルほど。湧水は寺の裏側の崖地に湧き、昭和用水堰から取水した水量豊かな流れに落ちる。奥多摩から運んだ巨石を積み上げてつくられた水路は、途中に休憩スペースもあり人々の憩いの場となっている。湧出は3カ所に見られ、いずれも水量はあるが、一番上流の湧出が多い。湧水へは境内に入らず、東あるいは西の道から裏手に回る。

昭島市拝島町5-2

JR青梅線・西武拝島線拝島駅／南南西／徒歩23分、バス利用：拝島駅南口から八王子駅北口行または立川駅北口行で拝島会館下車徒歩5分／N35.42229 E139.20240

湧水データ

● 下流の湧水点（04.8.23調査）

水温	EC	pH	湧水量
18.9	20.6	6.7	多い

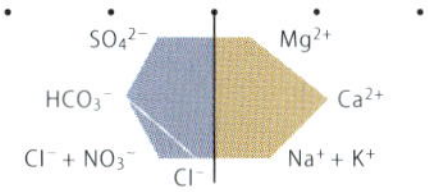

標高：丘陵平坦面105m、湧水100m、流末：多摩川

3カ所のうち一番下流の湧出箇所。

水路の脇にはゆったりと遊歩道が続く。

拝島丘陵

67 清岩院 68 中福生公園 69 下の川緑地下

福生のこのあたりは段丘上を玉川上水が滔々と流れ、右岸沿いに雑木林に覆われた崖線が続く。そのせいもあって崖裾に湧水が点在する。「東京の名湧水57選」の清岩院も

清岩院は室町時代に創建の古刹。

清岩院境内の湧水のせせらぎ。

その一つ。湧水のせせらぎが境内を流れ、本堂を映す池を満たしている。清岩寺と道を隔てた南西側には中福生公園があり、流れ出る湧水が水の広場をつくる。この公園から下流の崖線は「下の川緑地せせらぎ遊歩道公園」となっており、200メートルほど下手、金堀公園そばの崖と民家の間にも湧水路を見ることができる。崖下の水路はつかの間暗渠となるが、それをたどると〝縞屋の滝〟を経てほたる公園に至る。ここでは湧水を利用してホタル養殖が行われ、毎年6月中旬にほたる祭りが開かれている。

崖線上の玉川上水の流れ。

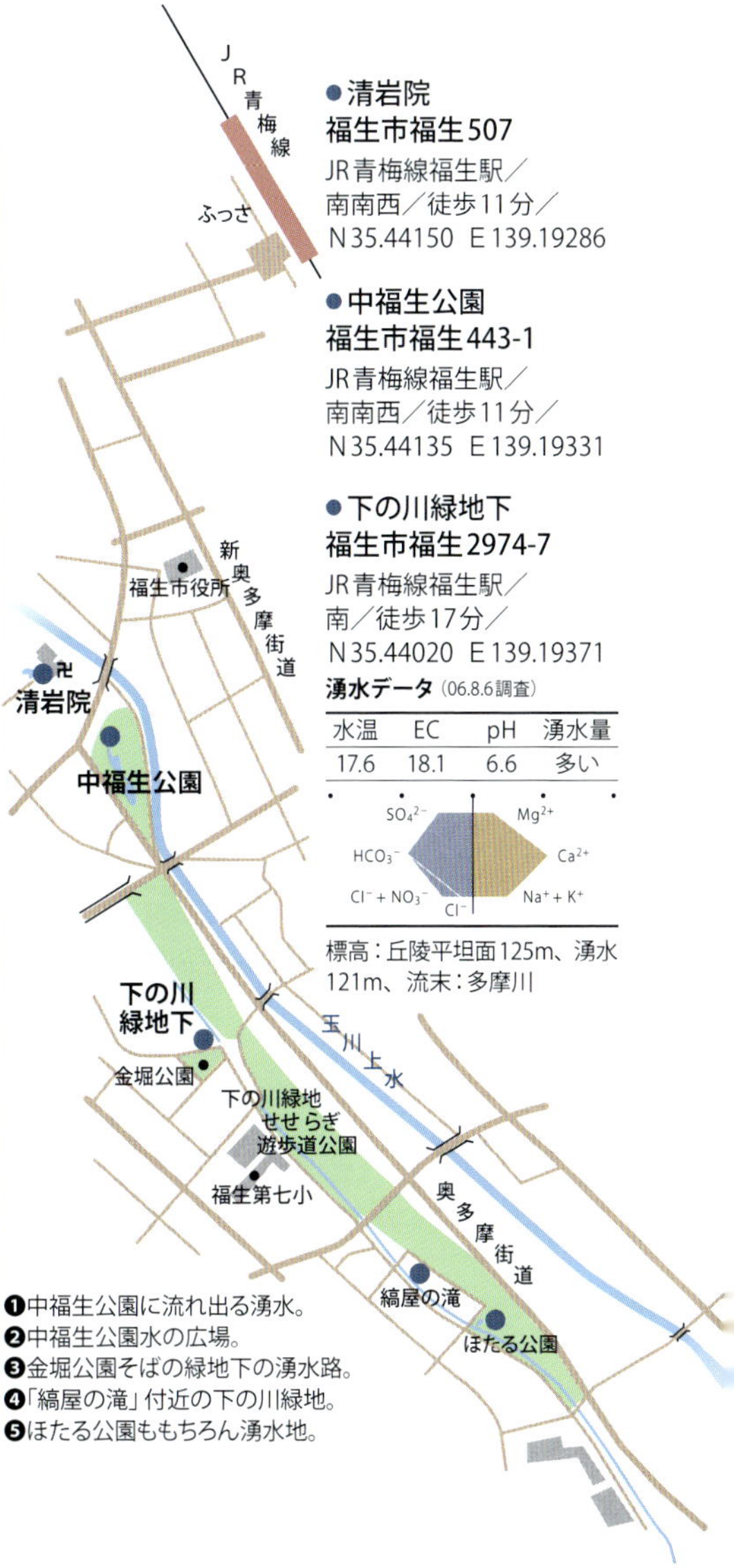

●清岩院
福生市福生507
JR青梅線福生駅／
南南西／徒歩11分／
N35.44150　E139.19286

●中福生公園
福生市福生443-1
JR青梅線福生駅／
南南西／徒歩11分／
N35.44135　E139.19331

●下の川緑地下
福生市福生2974-7
JR青梅線福生駅／
南／徒歩17分／
N35.44020　E139.19371

湧水データ（06.8.6調査）

水温	EC	pH	湧水量
17.6	18.1	6.6	多い

SO_4^{2-}　Mg^{2+}　HCO_3^-　Ca^{2+}　$Cl^- + NO_3^-$　Cl^-　$Na^+ + K^+$

標高：丘陵平坦面125m、湧水121m、流末：多摩川

❶中福生公園に流れ出る湧水。
❷中福生公園水の広場。
❸金堀公園そばの緑地下の湧水路。
❹「縞屋の滝」付近の下の川緑地。
❺ほたる公園ももちろん湧水地。

湧水池はコイが空中に浮かんでいるかのような透明度だ。

秋留台地

70 二宮神社

創建は不明だが平安時代の延喜式神名帳にも登場する古社。武蔵六所宮のうち二宮で、名はそれに由来する。社殿は秋留台地の東端崖上に位置し、参道階段下の道を隔てた飛び地に湧水がある。湧出量は非常に豊富で、透き通った池は古来より貴重な水源だった。もとは竜の形をしていたといい、昔は雨乞いも行われていたという。池からの水路には洗い場もある。二宮神社の大祭(9月8日・9日)は「しょうが祭」として大勢の人出で賑わう。

崖上の社。境内には市内の出土品を展示する二宮考古館もある。

あきる野市二宮1189

JR青梅線東秋留駅／東北東／徒歩6分／N35.43354 E139.18510

湧水データ（06.8.6調査）

水温	EC	pH	湧水量
17.5	22.6	6.1	多い

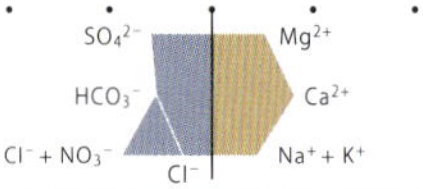

標高：台地平坦面135m、湧水128m、流末：多摩川

池中には彫刻も立つ。

池から流れ出る水路。

71 八雲神社

秋留台地

あきる野市野辺316-1

JR五日市線東秋留駅／南／徒歩8分／N35.43227 E139.18440

湧水データ

● 八雲神社（06.8.6調査）

水温	EC	pH	湧水量
17.3	19.8	6.0	多い

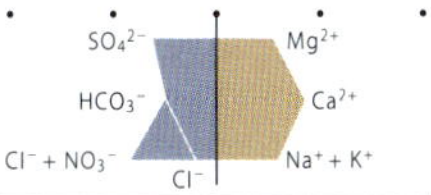

● 民地・前田小裏（06.8.6調査）

水温	EC	pH	湧水量
18.3	20.5	6.1	普通

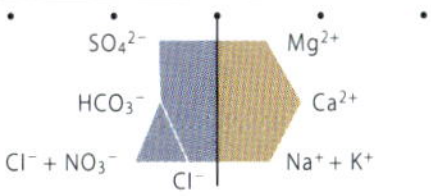

標高：台地平坦面131m、湧水126m、流末：多摩川

鳥居をくぐると右手に柵で囲まれた深さ1・5メートルほどの池がある。湧水はこの池底に湧き、量も豊富で驚くほどの透明度だ。池の水は昔から生活用水や水田用に引かれ、このあたりは湧水を利用した米どころでもあった。また、少し掘ると水が出るともいわれ、それを物語るように付近には湧水が点在している。いずれも民地だが、八雲神社東方の前田小学校裏に数カ所、さらに東の睦橋通りの郵便局前にも湧出地がある。

❶池の湧水は境内の水路から道路脇の水路へ。❷澄んだ池中に凹みが見えるが、水はそこに湧く。

❸前田小裏に数ヵ所ある民地の湧水の一つ。❹郵便局前の民地。

草花丘陵

72 福寿庵井戸 73 白石の井戸

平井川が多摩川に合流する少し手前、くねくねと蛇行する左岸の崖線にある。森山会館（旧福寿庵）下の湧水と紹介されることもある福寿庵井戸は、同会館の崖下に湧く。古くから共同井戸、洗い場として使われてきた湧水は、今は隣の福寿公園にせせらぎをつくっている。白石の井戸は福寿庵井戸から坂道を上ったところにある。昔は白い石の穴から湧いていたといわれ、繭玉飾りの繭玉をこの水でつくってよい繭ができることを祈ったという。

あきる野市草花945

JR五日市線東秋留駅／北北東／徒歩21分／N35.43581　E139.18562

湧水データ

● 福寿庵井戸（06.8.6調査）

水温	EC	pH	湧水量
17.0	18.5	6.2	少ない

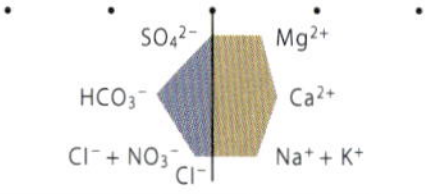

標高：丘陵平坦面132m、湧水119m、流末：平井川

福寿公園に流れ落ちる湧水。

石垣の擁壁の下に水を貯える福寿庵井戸。

白石の井戸のほうが湧出量は多い。

❶流れ出る湧水を水神様の碑が見守る。
❷木立の中の湧水路。

74 草花公園

秋留台地

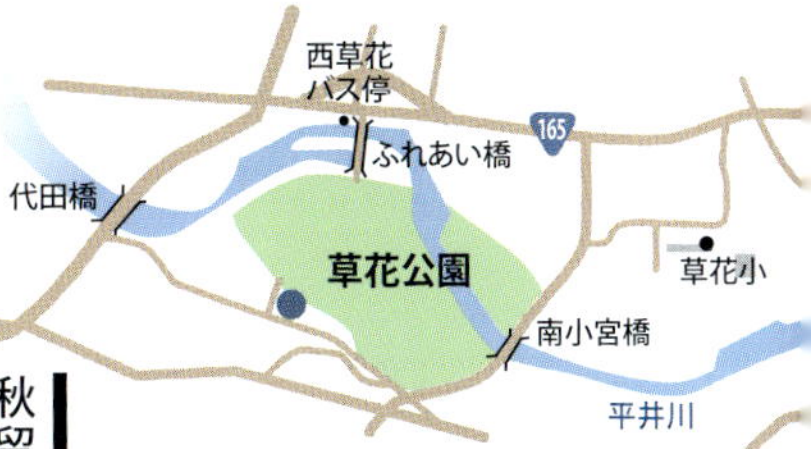

池をあふれ出て平井川に注ぐ湧水。

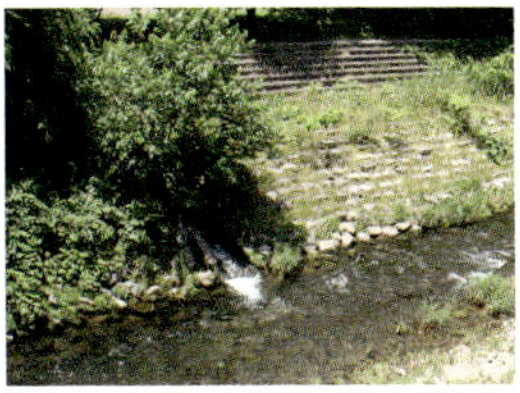

緑の中に野球場やプールもある大きな公園。秋留台地が平井川に落ち込む段丘にあり、湧水は南側入口の道下にほとばしるように流れ出ている。その脇には水神様と彫られた小さな碑が立ち、大切にされてきたことを偲ばせる。湧水の流れは雑木林の中をめぐり、雰囲気のある散歩道をつくって池に注ぐ。公園東端の南小宮橋に立つと、公園を含めて丘陵の森が一望でき、平井川に落ち込む水流が見える。池からあふれ出た湧水である。

あきる野市原小宮353

JR五日市線秋川駅／北東／徒歩25分、バス利用：秋川駅から福生駅行バスで西草花下車徒歩5分／N35.44115 E139.17553

湧水データ（06.8.6調査）

水温	EC	pH	湧水量
17.1	19.5	6.3	多い

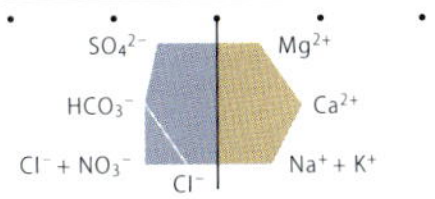

標高：台地平坦部150m、湧水135m、流末：平井川

秋留台地

75 白滝神社

神社の西側の段丘崖に湧き出して滝をつくり、静かな樹間に水音を響かせている。昔は滝行も行われていたといい、不動明王の化身である倶利伽羅竜王の石像が滝口を見下ろす。湧水は小川となって下り、かつては村人の大切な生活用水や農業用水だった。滝に近い民家では今も野菜洗いなどに利用している。圏央道と睦通りの交差点から450メートルほど行くと左手にレの字型に戻る道があり、それをたどると社殿裏に入ることができる。

昔、滝行が行われていたのもうなずける雰囲気だ。

❶斜面中腹の砂礫に湧く。
❷今も生活に利用する滝近くの民家。

あきる野市下代継299

JR五日市線秋川駅／南西／徒歩18分／
N35.43262 E139.16477

湧水データ (06.8.6調査)

水温	EC	pH	湧水量
16.9	18.5	6.1	多い

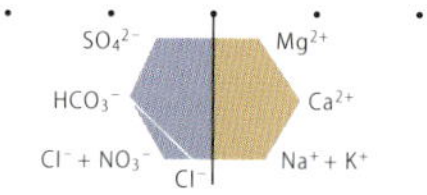

標高：台地平坦面160m、湧水139m、流末：秋川

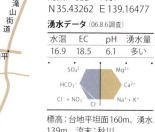

多摩丘陵の湧水

●は「東京の名湧水57選」（東京都環境局）に選定されている湧水です。

奥の沢の湧水が注ぐ菖蒲田。湧き口は右奥の雑木林裾にある。

76 片倉城跡公園

丘陵上に空堀や土塁跡を残す片倉城は、鎌倉幕府初期の重臣・大江広元を祖に持つ長井氏によって室町時代に築城されたといわれるが定かではない。城跡の北側斜面には雑木林が広がり、その斜面下に点々と湧水がある。湧き出した水は入口近くのはす沼やその奥に湿生地をつくり、西端の奥の沢では段々の菖蒲田を潤している。公園の北側には浅川支流の湯殿川が流れ、水はそこに流れ込む。斜面の雑木林はカタクリの群生地として知られ、それと前後して城跡のサクラが見頃を迎える。

❶奥の沢の湧水口。❷水車小屋もありのどかな風景。
❸彫刻の背後のはす沼脇にも湧水がある。

八王子市片倉町2475

JR横浜線片倉駅／西／
京王高尾線京王片倉駅／南／
徒歩10分／N35.38264　E139.20122

77 穴澤天神社

多摩丘陵

京王よみうりランド駅から三沢川の右岸沿いを下ると鳥居があり、湧水はその奥の岩組のパイプから流れ出ている。そこは見上げんばかりの断崖で、真上に穴澤天神社の本殿が鎮座する。涸れることのない湧水は御神水として親しまれ、水を汲む人が自転車にポリタンクやペットボトルを乗せて次々にやってくる。脇の看板に「多量に取水する方は一回に二十リットルとし譲り合うこと」とあるほどだ。水を汲む人の数は都内の湧水の中でも群を抜く。

稲城市矢野口3292

京王相模線原線京王よみうりランド駅／東／徒歩7分／N 35.3758　E 139.3121

湧水データ (08.6.29調査)

水温	EC	pH	湧水量
15.1	23.3	7.0	普通

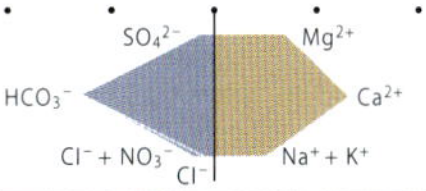

標高：丘陵平坦部78m、湧水45m、流末：三沢川

断崖上の緑陰にある天神社本殿。

「二十リットル」が赤文字になっている。

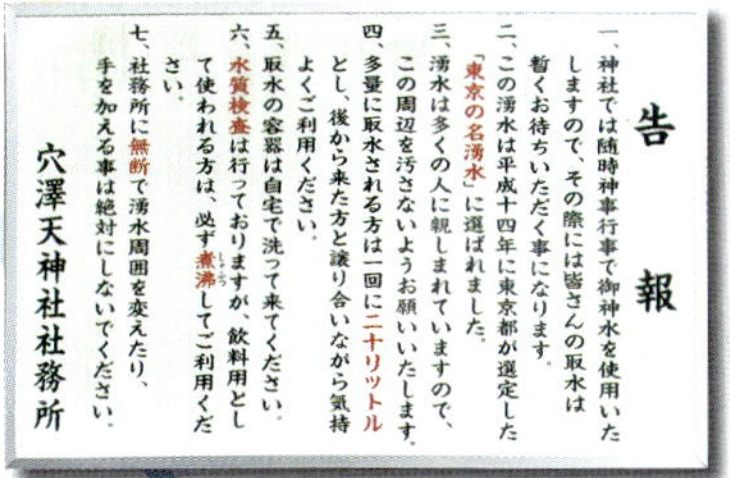

告報

一、神社では随時神事行事で御神水を使用いたしますので、その際には皆さんの取水は暫くお待ちいただく事になります。
二、この湧水は平成十四年に東京都が選定した「東京の名湧水」に選ばれました。
三、湧水は多くの人に親しまれていますので、この周辺を汚さないようお願いいたします。
四、多量に取水される方は一回に二十リットルとし、後から来た方と譲り合いながら気持よくご利用ください。
五、取水の容器は自宅で洗って来てください。
六、水質検査は行っておりますが、飲料用として使われる方は、必ず煮沸してご利用ください。
七、社務所に無断で湧水周囲を変えたり、手を加える事は絶対にしないでください。

穴澤天神社社務所

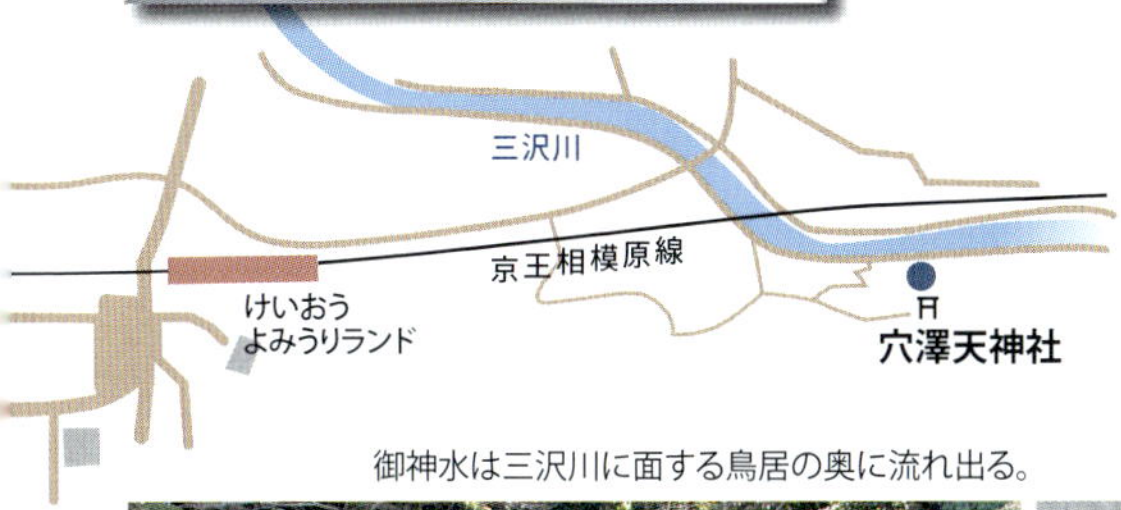

御神水は三沢川に面する鳥居の奥に流れ出る。

岩の間のパイプから止めどなく注ぐ御神水。

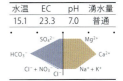

水面を盛り上げるように湧く水は1日約1,300トン。

一部田畑に引かれ、残りは道路脇の水路を下る。

水はこの泉の中央に湧く。

多摩丘陵

78 鶴見川源流の泉

町田市上小山田町の田中谷戸に鶴見川源流の泉がある。同川の流れはここから始まり全長42・5キロを流れる。水面を盛り上げるように勢いよく湧く地下水は１日約１３００トンに及び、鶴見川源流域では最大の湧水とされている。泉の周囲は木道などが整備され、ときおり車を停めて立ち寄る人が湧き出す様子を感心げに眺めてゆく。水は一部水田などの農業用水として引かれ、残りは道路脇の水路を駆け下る。その澄んだ流れから下流部の汚れた川をイメージするのはむずかしい。

生い茂る湿生植物の中を流れる湧水。

町田市上小山田町

京王相模原線南大沢駅／東南／徒歩35分、バス利用：小田急線町田駅から小山田行バスで小山田下車徒歩8分／N35.36088 E139.23427

❶小山田の谷の入口。
❷谷の入口近くにある調整池。

多摩丘陵

79 小山田緑地 小山田の谷

町田市の北辺に広がる小山田緑地は、いくつもの尾根と谷戸が複雑に入り組む丘陵地に3つの分園と本園が連なる都立公園。小山田の谷は本園の東側に位置し、ここに湧水が見られる。第一駐車場から谷に入ると調整池、下の池、上の池と続き、最奥に溜め池があり、その池端に湧いている。今はあまり多くはないが、かつては下流の水田を潤した。鶴見川の源流の一つでもある。小山田緑地には東京とは思えない風景が広がり、唐木田駅から分園を縫ってハイキングがてら訪ねるのも楽しい。

町田市下小山田町

小田急多摩線・京王相模原線・多摩都市モノレール多摩センター駅／南／バス利用：多摩センター駅から日大三高行バスで扇橋下車徒歩5分、小田急線町田駅から多摩丘陵病院行バスで扇橋下車徒歩5分／N35.35471 E139.25078

一番奥にあり湧水を集める溜め池。

3つの池を経て
谷を下ってきた湧水のせせらぎ。

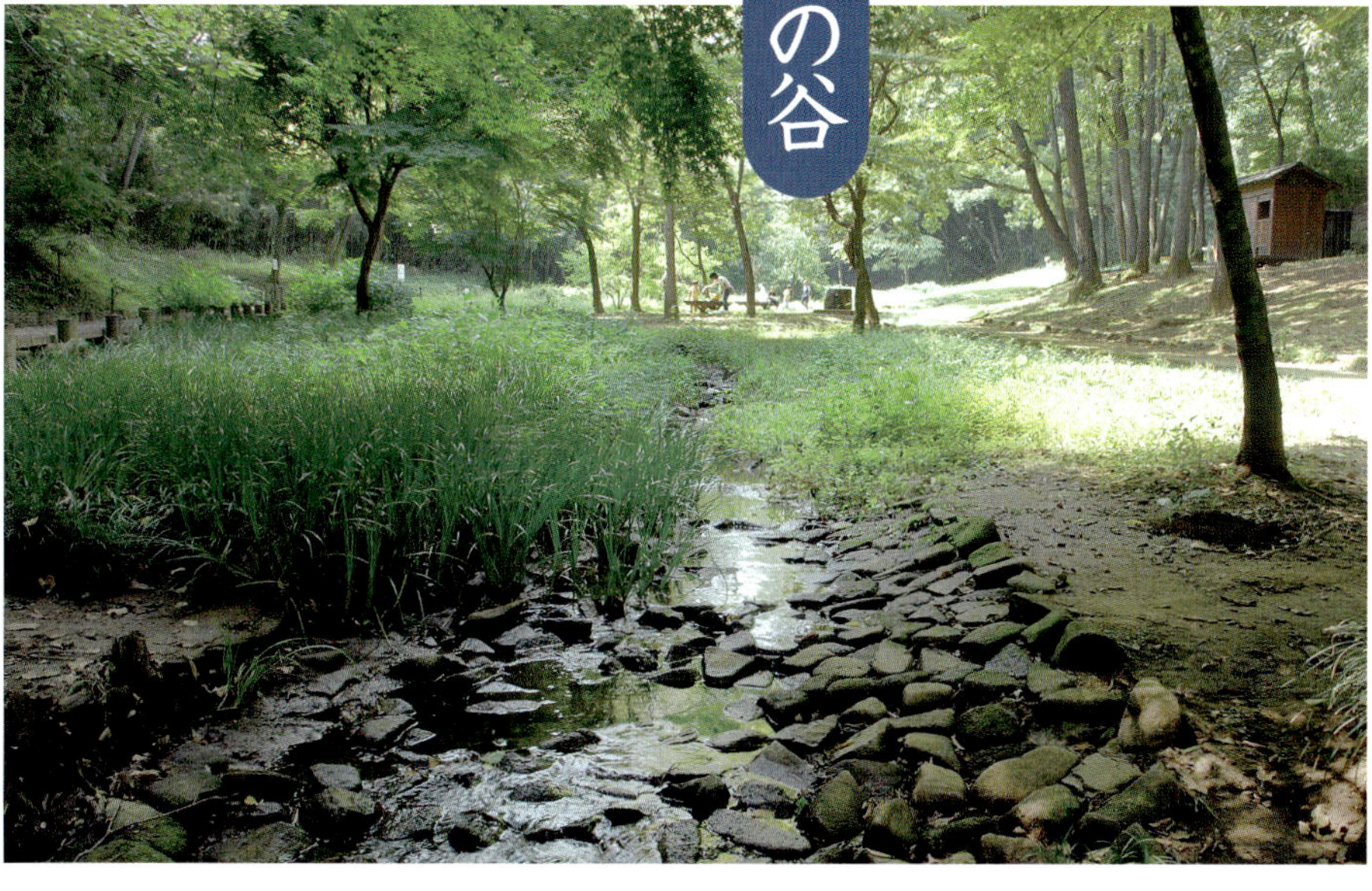

80 図師の神明谷戸 81 五反田谷戸

多摩丘陵

再生・保全の取り組みによって
今も懐かしい風景が広がる神明谷戸。

町田市図師町

小田急多摩線・京王相模原線・多摩都市モノレール多摩センター駅／南／バス利用：多摩センター駅から日大三高行バスで日大三高東下車・神明谷戸入口まで徒歩4分・五反田谷戸入口まで徒歩8分、小田急線町田駅から多摩丘陵病院行バスで結道下車・神明谷戸入口すぐ・五反田谷戸入口まで徒歩4分／N35.35352 E139.25414（神明谷戸）

小山田緑地本園と道路を挟んで、東南側に図師小野路歴史環境保全地域が広がっている。この保全地域の谷戸には、地元の人たちの再生・保全活動により懐かしい風景が残る。奈良ばい、神明、五反田などの谷戸である。かつて丘陵地の多くの谷戸では、湧き水を利用して稲作が行われていた。図師地区の神明谷戸、五反田谷戸では、今も昔ながらに谷戸全体を田んぼが埋めつくす。谷戸入口から雑木林の裾に沿って農道と水路がのびている。

❶湧き水を集める神明谷戸の溜め池。
❷昔ながらのはせ掛け風景（神明谷戸）。

❸水田脇の水路を流れる湧水（五反田谷戸）。
❹刈り取りの済んだ五反田谷戸の田んぼ。
❺サクラの木が見守る五反田谷戸の溜め池と谷戸田。

せせらぎを聞きながら農道を上ると、どちらの谷戸にも谷頭に溜め池があり、それを守るように樹木が佇む。秋は水田に水が不要なので、溜め池の堰が開けられ池の水も少なかったが、湧水は途切れなく注ぎ込んでいた。

左右を尾根筋に囲まれて谷戸の地形そのままの自然観察園。

多摩丘陵

82 忠生公園

忠生公園は谷部分と尾根部分を含めて公園化されており、丘陵に切れ込んだ谷戸の形状が手に取るようにわかる。正面入口そばの「がにやら自然館」のある尾根部分から雑木林の斜面を下ると、自然観察園や田んぼのある谷戸が広がっている。湧水はその自然観察園のすぐ上手、源流の池と観察園下の北側雑木林などに湧く。源流の池は透きとおり、豊富な水量を物語る。この谷戸の湧水は1日1000トン以上といい、鶴見川の支流である山崎川の源流になっている。

❶雑木林に抱かれた源流の池。❷源流の池から流れ下るせせらぎ。❸谷戸奥に整備された水の広場。

町田市忠生1-3-1

小田急線・JR横浜線町田駅／北西／バス利用：小田急町田駅から小山田桜台行・下山崎行バスで忠生公園前下車徒歩1分、または上宿行・小山田行・淵野辺駅行・橋本駅行バスで忠生公園入口下車徒歩2分／N35.34200 E139.25272

83

芹ヶ谷公園

多摩丘陵

❶小田急線直下に湧き出す湧水。❷西側の雑木林に湧いて流れ下る湧水。❸巨大な噴水のオブジェ。

町田市街にほど近い芹ヶ谷公園は谷戸地形にあり、南北に細長い公園の両側斜面を雑木林が覆っている。湧水は北側エリアの数カ所に見ることができる。一番奥の小田急線直下にある湧水は量も多く、水音をたてて流れ落ち、その前に広がる湿生地に流れ込む。雑木林の裾には清流（ポンプアップした地下水が中心）が池をつくっているが、その流れにも湧水が注いでいる。南側エリアには巨大なオブジェの噴水があり、南端には国際版画美術館がある。

町田市原町田5-18

小田急線・JR横浜線町田駅／北東／徒歩10分／N35.32542 E139.27020

湧水データ

● **小田急線下**（06.8.29調査）

水温	EC	pH	湧水量
17.4	26.2	6.8	多い

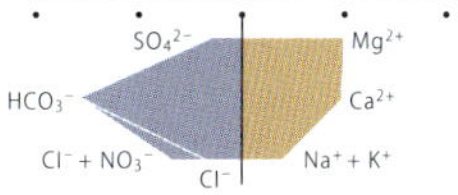

標高：丘陵平坦面90m、湧水80m、流末：恩田川

木立とせせらぎを生かした園内は四季折々に美しい。

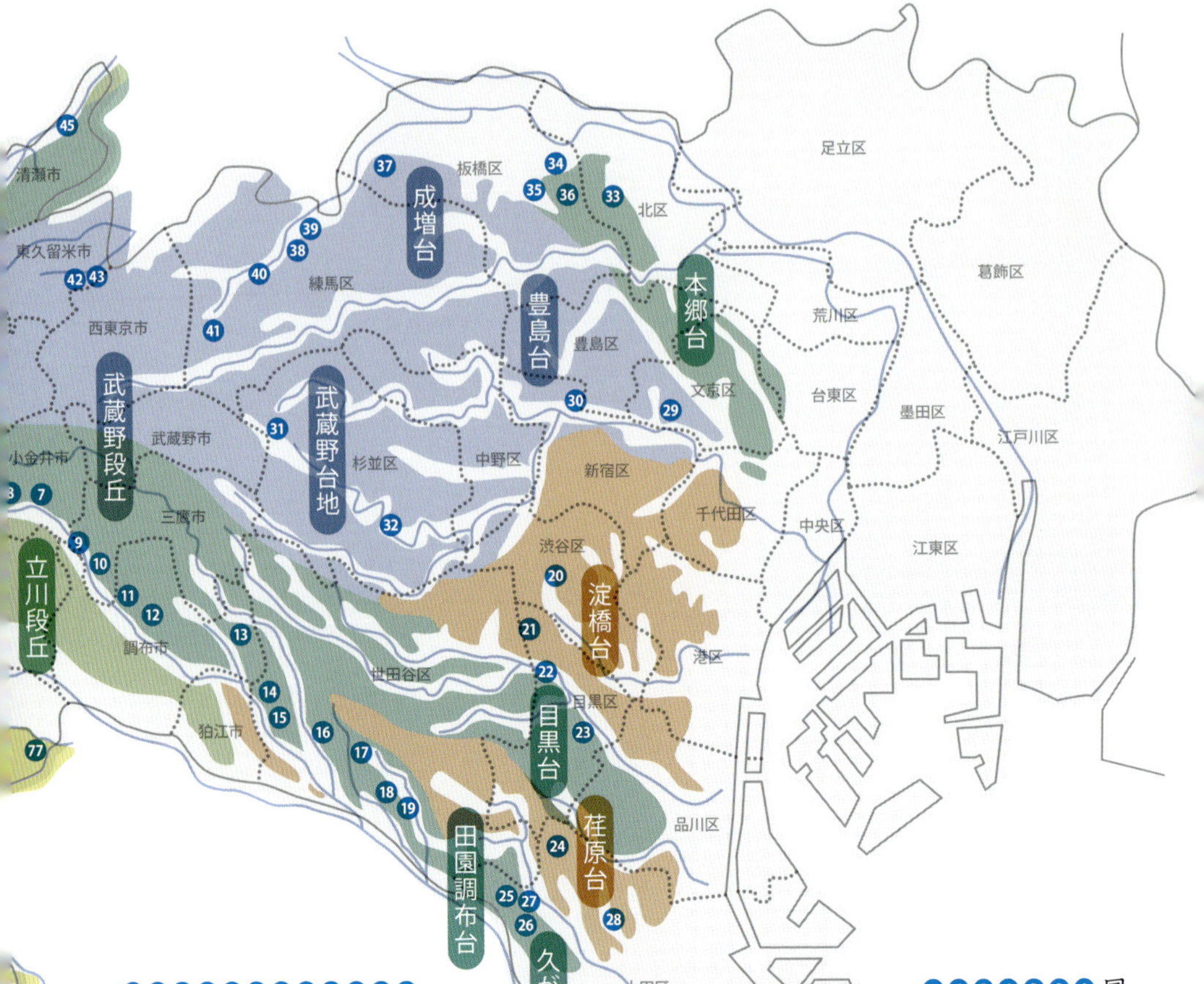

国分寺崖線の湧水

区部南部の湧水

区部北部の湧水

武蔵野段丘北部・狭山丘陵の湧水

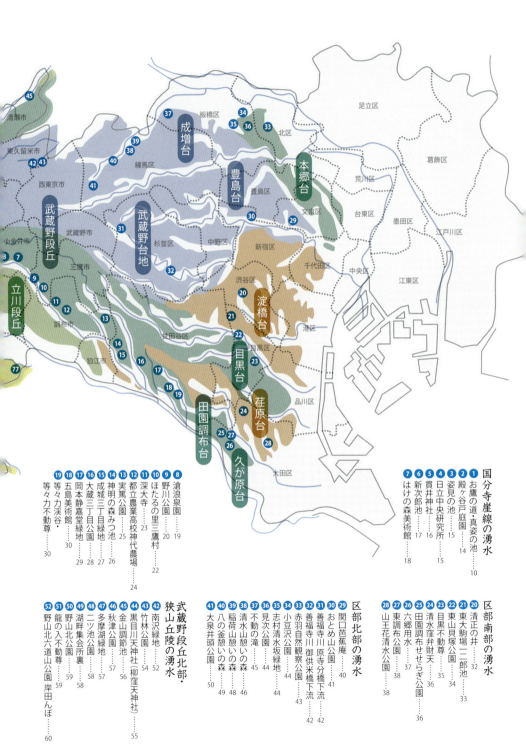

東京湧水

東京の地形と本書で紹介した湧水地点

立川段丘・青柳段丘の湧水

日野台地・加住丘陵の湧水

拝島丘陵・秋留台地・草花丘陵の湧水

多摩丘陵の湧水

山地
- 中起伏山地
- 小起伏山地
- 山麓地

丘陵地
- 大起伏丘陵地
- 小起伏丘陵地

台地・段丘
- 上位面（下末吉面）
- 中位面Ⅰ（小原台面）
- 中位面Ⅱ（武蔵野面）
- 下位面（立川面）
- 低地

資料（地形図）：東京都建設局土木技術センター
（東京都環境局 東京の名湧水57選HPより）

東京の湧水とその保全に向けて

都内に７００ヵ所余り

川、湖、池、湧水——水のある風景はわれわれにやすらぎをあたえてくれる。なかでも湧水はその清冽なイメージから、言葉を聞くだけでもほっとさせられる感じがある。

湧水地形と湧水のタイプ

湧水はいうまでもなく地下水が地表に露出したものである。圧力を受けて噴出しているもの以外は、一般に浅層の地下水からの湧水が多く、それを涵養しているのは、降雨、地表水（河川・湖沼池・水路・水田）、水道水、下水などである。しかし、近年、都市地域では道路や建造物などの非透水物質による被覆率が増加したことや、中・源流部における森の伐採、開発により雨水の浸透が著しく減っているのが現状である。

そうした中、東京には区部だけでも約２８０ヵ所の湧水があり、都内全体では７０７カ所に及ぶ（島部を含む、03年度東京都環境局による区市町村へのアンケート結果）。数の多さに驚かれるかもしれないが、これは滲み出すような湧水も含めて、というよりそのような湧水が多数を占めている。

東京の地形と湧水

では、湧水はどのような地形にみることができるのだろう。

東京の湧水は、武蔵野台地の扇状地末端、開析谷、段丘や丘陵の裾などの場所に多く存在する。湧水地点の地形は、湧出量が豊富なときの湧出力により、湧き頭付近の浸食と地層の液状化による地層下部の崩落が徐々に進行することにより、馬蹄形の谷頭地形（湧水地形）を形成することが少なくない。

区部では武蔵野台地やそれに連なる成増台、豊島台、淀橋台、目黒台など小河川の側壁や、台地の端の崖地や扇状地の端に湧くものがほとんどであり、大泉井頭公園の湧水（白子川）や、現在湧水は涸れてしまったが善福寺池（善福寺川）、井の頭池（神田川）などは先の谷頭地形の典型である。

一方、多摩の湧水は、奥多摩山麓の草花丘陵や秋留台地、加住丘陵から拝島段丘、日野台地、立川段丘、多摩丘陵まで続く丘陵と丘陵の間、段丘と段丘の間、つまり多摩川やその支流の秋川や浅川などに浸食されたところに多い。地形的にも古く、まさに地形が湧水をつくったといえる。多摩の湧水は、台地の崖線湧水に似た崖地に湧き出すもの、谷に湧くもの、岩盤の間から直接滝として湧出するものなどがあり、区部の湧水ほど規則性がみられず変化に富んでいる。

前頁に東京の地形図と湧水地点を示したが、それを見ると地形と湧水の関係がわかるだろう。

湧水のタイプ

次に湧水のタイプであるが以下の3つがある。ちなみに東京の地質は、表層を降雨や地表水が浸透しやすい関東ロームという火山灰が覆っている。その下に武蔵野礫層、立川礫層、東京層など地下水を含む帯水層があり、湧水はそこから湧き出す。

● 崖線（がいせん）タイプ

川によって浸食された台地の段丘崖や断層面に露出した砂礫層から湧く湧水。砂礫層の下部は、水を透しにくい粘土層や泥岩になっていることが多い。ときに小滝となる。

● 谷頭（こくとう）タイプ

台地面上の馬蹄形や凹地形など谷地形の谷頭、つまり地形的に水を含む層が露出したところから湧く湧水。地下水が湧出する力で谷頭地形（湧水地形）が形成されるところが多い。

● 凹地滲出（おうちしんしゅつ）タイプ

川床や凹地に地下水・伏流水がポテンシャルにより滲み出してできる湧水。

崖線タイプ

図は代表的な国分寺崖線を例にしている。
関口芭蕉庵、おとめ山、目黒不動尊、稲荷山憩いの森、真姿の池・お鷹の道、貫井神社、野川公園、諏訪神社、二宮神社など。

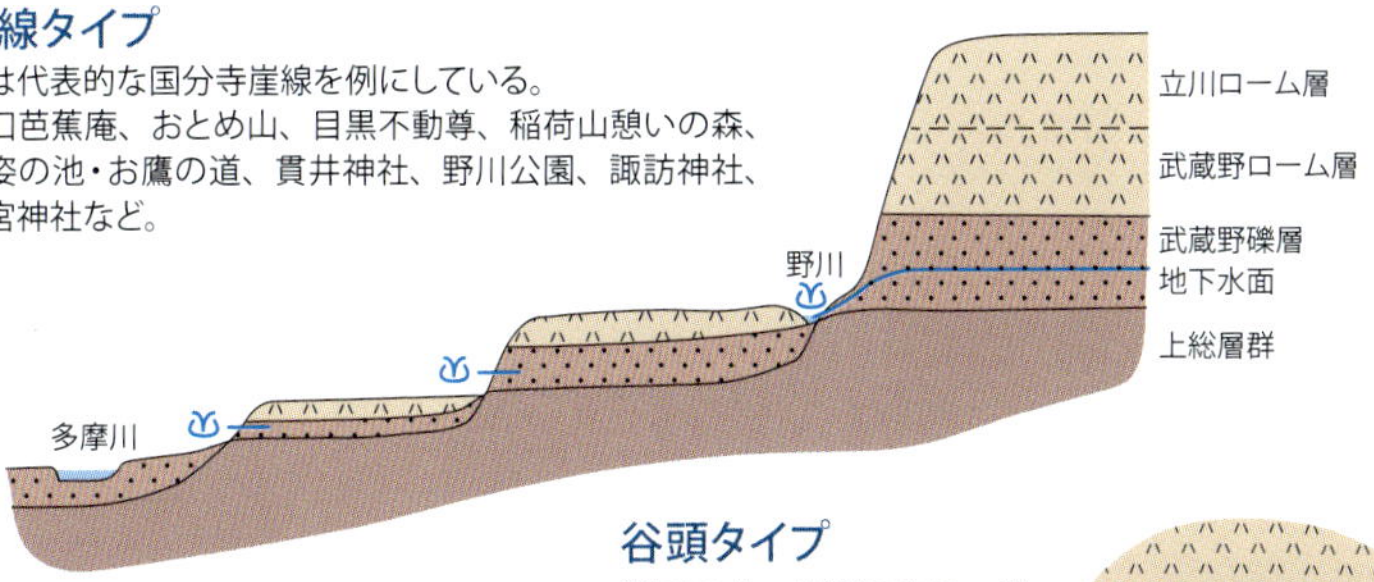

谷頭タイプ

清正の井、神明の森みつ池、赤羽自然観察園、南沢緑地、竹林公園、大泉井頭公園、谷戸の湧水もこれにあたる。
また、涸れてしまったが井の頭池、善福寺池、三宝寺池など。

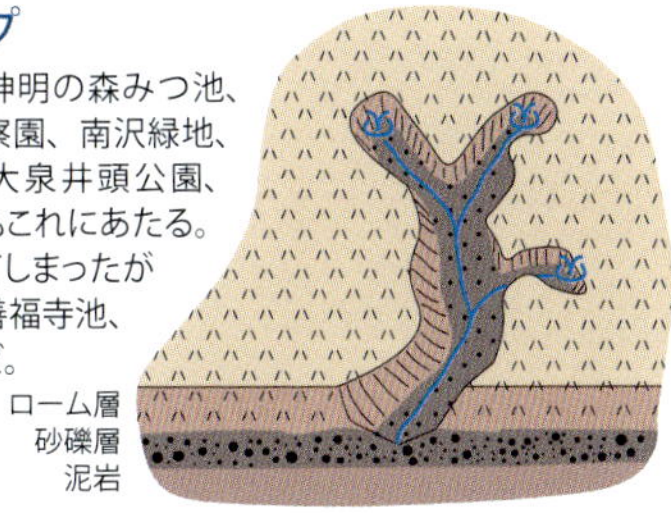

凹地滲出タイプ

洗足池から流出する水路に滲出する湧水などがある。

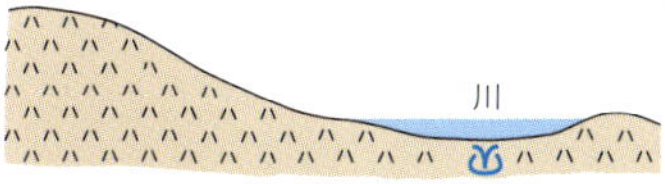

資料：東京都環境局 東京の名湧水57選

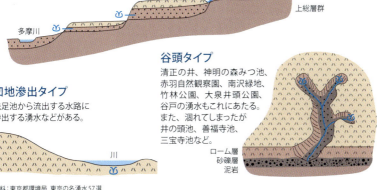

湧き頭を制することは

われわれは石油がなくても生きていけるが、水がなければ生きていけない。この当たり前の事実からわかるように、人類は太古の昔より湧水や河川、湖沼などの水辺に住みついてきた。世界四大文明も大河のもとに発祥している。水を取り入れる技術、灌漑技術のない時代には、人々は水の得やすいところに居住するしかなかったのである。わが国でも、湧水や川のそばに古代住居跡があるのはそうした理由によるし、武蔵野台地が長く未墾の地であったのは、玉川上水が開削されるまで水が得られなかったからに他ならない。

湧水とともにあった生活

弥生時代の田んぼは大きな川の周辺ではなく、丘陵地の麓の湧水地や湿地帯に多かった。湧水などの小さな流れのほうが制御しやすく、利用しやすかったからである。したがって、その湧き頭を制することは、水利権をおさえることであり、利水者を従わせることにつながっていたのである。

神社仏閣、有力氏族や地主の土地なども多くは湧水のあるところ、湧き頭に立地することが多く、それが信仰を集める要因となったり、主従の関係を形成する背景の一つとなっていた。矢嶋仁吉の研究によると、武蔵野の集落の発生の原点は湧水などの水辺であったと指摘している。歴史的に湧水のはたした役割は決して小さくないのである。

武蔵野最大の湧水池だった井の頭池に建つ井の頭弁財天。戦後も雨乞いが行われていた。

生活用水をまかなう

湧水は人々の生活とのかかわりが深く、生活の根幹をなしていたといってよい。多くの湧水には水神である弁財天が祀られ、日照りには降雨を祈った。それは戦後まで続いていた。井の頭池で昭和

23年に行われた雨乞いの写真も残っている。

今も湧水をポリタンクに汲んで、お茶や煮炊きに利用する人は珍しくない。それは嗜好としてであるが、井戸の時代はもとより水道が引かれるまで、飲料水から炊事、洗い物、風呂まですべてを湧水でまかなっていた家も多い。

お鷹の道・真姿の池や叶谷榎池、子安神社、二宮神社をはじめ、多摩の湧水には今も洗い場が残っているし、現に農家や近所の人が野菜などを洗っている姿を目にすることができる。かつては敷地内の水屋や台所に〝引き水〟して利用する家も多く、昭島市宮沢には庭を流れる湧水が残る。ここには「水の講」といって、江戸時代から続く湧水と水路を守る寄合いもある。

湧水の洗い場で野菜を洗う。（二宮神社）

稲を育み水車を回す

前述したが湧水は大昔から田んぼと密接不可分だったが、町田市の図師・小野路や八王子市鑓水などには、今も湧水を利用して谷戸田（谷あいの田んぼ）が広がっている。図師の神明谷戸や五反田谷戸には、昔ながらに谷頭に溜め池があり湧水を集めている。溜め池は貯水と流量調節、それに稲のために低い湧水の水温を上げる役目も担う。

湧水作物として知られるワサビも、かつては国分寺崖線をはじめあちこちで栽培されていた。とくに三鷹市大沢の「大沢ワサビ」は、現在もその地に住む箕輪家の先祖が、江戸後期の文政2年（1819）に郷里の伊勢から持ち帰り栽培したのが始まりといい、神田や築地の市場に出荷されていた。そのワサビも奥多摩を別にすれば、今は大沢と日野市、昭島市でわずかに自家用につくられるだけになっている。

湧水は酒や豆腐づくりに使われ、製粉や精米の水車も回していた。たとえば、野川には江戸時代（18世紀後半）から延べ十数台の水車があったとされる。その中で三鷹市大沢に今も残る「新車（しんぐるま）」は、文化5年（1808）頃につくられ、昭和43年まで稼動していた水車で、「野川の水車経営農家」として公開されている（見学の問い合わせは三鷹市教育委員会生涯学習課）。

このように、湧水は人々の生活と分かちがたく結びついていたのである。

湧水の現代的役割と保全

必要な水生産性の復活

湧水と人々のかかわりはみてきたとおりであるが、その重要性は決して過去のものではない。湧水の存在はもっと見直されてしかるべきである。たとえば、水資源に困窮したときにどうなるか—。

わが国の水利用の歴史をさかのぼってみると、身近なところで水が得られ、条件が悪い土地でも同じ流域内で対応できていたのが一般的だった。しかし、近年は、他水系、しかも遠距離の水源水をもらわなければ都市の機能が維持できなくなっているのが実情である。だが、もはや上流や他域からのもらい水は限界に達している。

したがって、少なくとも当該地で足りない分を当該地で補う程度には、水生産性を復活させることが望まれる。他から引いてくるのではなく、下流側でも水をつくる方法を確立し、自給自足の方向を模索していくことが必要である。その一つの方法が、雨水浸透マスや透水性舗装による湧水や地下水源の保全・再生であろう。

雨水の9割が流出

湧水の保全は、自然環境や生態系の維持のうえでも極めて重要であり、やすらぎのある景観、災害時の水の確保、さらにヒートアイランド抑止の観点からも重要である。ヒートアイランドの原因は、人工エネルギーの放出ばかりではない。かつては、地表面や植物から徐々に水分が蒸発することで、気温の上昇がおさえられていた。ところが、都市では保水や浸透が極端に少ない。

本来、地上に降った雨水の地下浸透、川への流出、蒸発の割合は、ほぼ3分の1ずつである。しかし、コンクリートで覆われた都市では、大半が浸透することなく側溝から下水道や川に流出。区部では雨水の90パーセントがそのまま流出してしまう。この何割かでも浸透させれば、湧水の保全・再生とヒートアイランド緩和や都市型洪水抑制につながる。

水源涵養と雨水浸透マス

東京の湧水は７００余を数えるが、その数字も湧水量も年々減少傾向にあり、湧水の保全は急務である。水生産性の向上、非常時への対応、そしてコンクリートジャングルからの脱出のために、緑

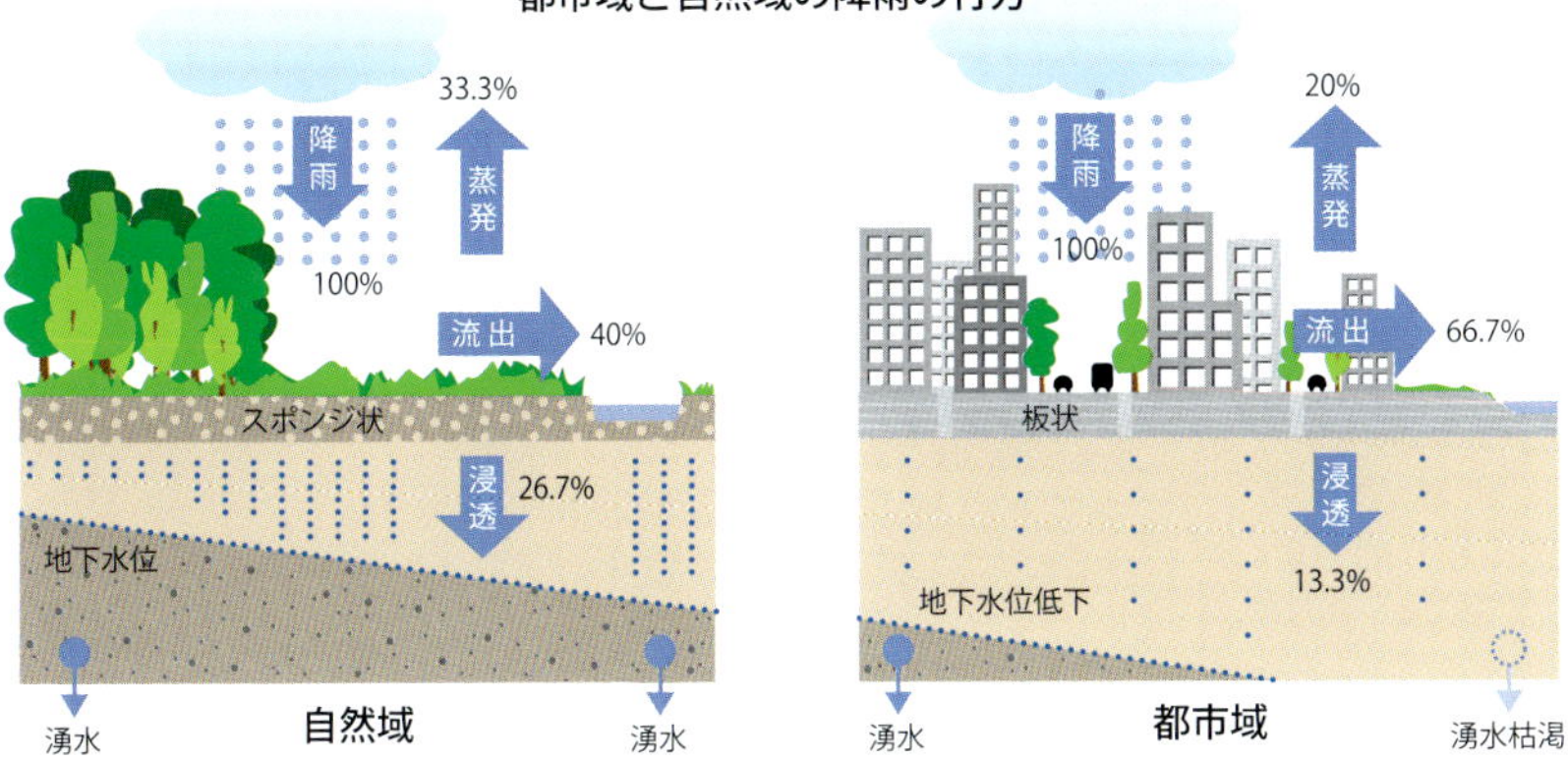

都市域と自然域の降雨の行方

地面積と樹木を増やして雨水の保水と、雨水の浸透により水源涵養をはからなければならない。

湧水の保全・再生にとって水源涵養の重要性は、国分寺崖線を例にとるとわかる。昔、崖線の湧水量は現在の比ではなかった。真姿の池東側の湧水（お鷹の水）は、古老によれば「ボコボコと1尺近くも盛り上がっていた」という。それほどの水量をもたらしたのは、一つには素掘りの玉川上水とそこから引かれていた用水路の涵養効果である。

しかし、その国分寺崖線の湧水も都市化のために一時危機的状況を呈し、渇水期に野川が川底をさらすことも少なくなかった。今も危機が去ったわけではないが、一部で回復傾向を見せている。その一つの要因が雨水浸透桝である。小金井市を中心に野川流域で10万基以上が設置され、1基あたり年間60トン、合計600万トンほどの雨水を浸透させている。

湧水を後世に

明治神宮の森は、大正10年までに国民から寄せられた約10万本の献木を植樹してつくられた人工の森である。その森にみられるように、人工のものでも自然環境構成要素として成り立つのであり、今からでも湧水の保全・再生は遅くはない。現に自然環境に対する意識の高まりの中で、湧水の保全の取り組みは増えており、それが今後さらに広がるよう私自身も努めたい。

21世紀は「水の世紀」といわれる。少なくともわれわれは、今、東京にある湧水とそのせせらぎを減ずることなく、子どもや孫たちの世代に伝えていかなければならない。

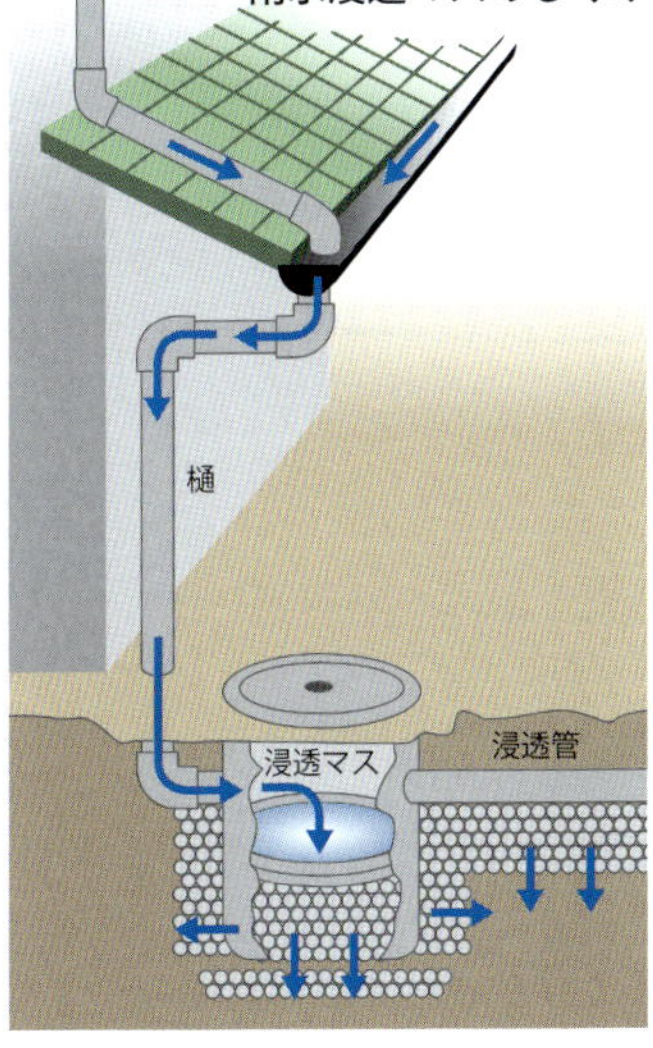

雨水浸透マスのしくみ

最後に湧水の水質調査についてふれておくことにしたい。いささか専門的になるが、本書が都内の湧水について、以下に述べるような調査を数次にわたり実施したうえで編まれたものであることを知っていただく意味で掲げておくことにする。

湧水の水質調査とその表現

一般に湧水の水質源は、降水、地質、涵養水、人為的汚染などの水質に由来していることが多いが、他に化学反応でも新たな水質が発生することもある。関東ローム層と腐植土の性質は、水質の生産と中和能力が予想以上にあるようで、このことは、筆者の世田谷区みつ池湧水保護区域で行った研究によっても示唆されている。例えば、層厚30㎝の不撹乱カラム土を通過した酸性雨（EC＝約20mS/m、pH＝4・7）が、地下水の水質に比べて、電気伝導率約40％、pH約70％まで形成されていることからも明らかである。

さて、湧水を定量的に把握する項目としては、湧出量と水質を用いることが多い。しかし、湧水の場合、実際には、分析された数値で評価するよりも景観をも含めた総合的な観点から評価することが望ましい。いかに澄んだ湧水でも、その流量が極めて少量な場合、評価は高くないであろう。そこで、ここでは湧水の総合的な評価に必要な実践的な調査と水質項目についてあげておくことにする。

湧水の調査項目

湧水の評価項目には物理的な項目と化学的な項目があげられる。本書では、それを「湧水データ」として、個々の湧水について下記のようなかたちで示したので、それにのっとって解説する。

本書の湧水データ例

水温	EC	pH	湧水量
17.1	22.0	6.4	多い

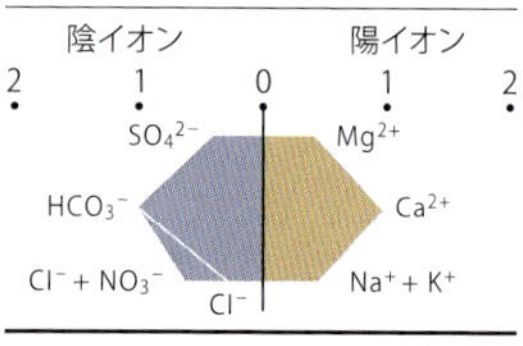

水温（℃）

湧きたての湧水は地下水温に等しく、地下水温は地層深度の地温から吸収したものである。地温の年変化がなくなる深度（恒温層）の地下水温は、その地点の年平均気温より1～2℃高い程度であるとみてよいだろう。一般に恒温層より深さを増すたびに地下水温は、100mにつき3～4℃増温する。

水温の計測には棒状水銀温度計による簡便な方法があるが、本書での計測では現地用ポータブル電極計器（堀場製）を用いて、可能な限り湧水頭地点に近いところに直接電極を入れて測った。その結果、全湧水の約90％は15〜20℃、８％が21〜25℃であった。

なお、都内のような浅い湧水の水温は気温に影響されることが多いので、現地では気温も記録しておくことが重要である。

ＥＣ（電気伝導度、mS/m＝ミリジーメンス）

純水はほとんど電気を通さないが、塩分をはじめ不純物（電解物質）が混入するとそれだけ電気を通しやすくなる。通常は電気抵抗率の逆数を用い、電気の通りやすさ、すなわち電気伝導度（electric conductivity／単位＝mS/m）として、一般に水の断面積１㎡、距離１ｍの相対する電極間に湧水が電気を通す割合を測定する。電気伝導度は蒸留水では1〜2mS/m程度、降水では数〜１００mS/m、水道水では１５０〜５００mS/mの値を示す。

地下水の場合、一般に地層中に長時間滞留しているほど、また長距離流れるほど値が大きくなる。さらに温度変化や塩分濃度など汚染物質の影響を受けやすいので、測定にあたっては注意が必要である。特に水温についていえば、１℃当たり２％程度変化し、温度の上昇とともに同じ水でも伝導度の値は大きくなる。そこで、一般に25℃のときの伝導度に補正して比較するが、近年のデジタル式の計器には、水温を同時に測定して自動補正する機能が組み込まれている場合が多い。

本書では前述の機能を持つ大人の親指の１・５倍大のデジタル式の計測器（堀場製）を用い、計測に際しては可能な限り湧水頭に近いところで計測した。その結果、全湧水のうち約27％が１７５〜２００mS/m、40％が２０１〜２５０mS/m、14％が２５１〜３００mS/mを示した。

ｐＨ（水素イオン濃度）

水の酸性・アルカリ性を調べるために用いる指標で、ｐＨ７が中性で、それより小さければ酸性、大きければアルカリ性ということになる。検出には比較的簡便な方法として、リトマス試験紙やｐＨ比色標準液などによる方法があるが、近年、標準液とガラス電極を組み合わせて調整し、電極を純水で洗浄後の検水に浸して安定したら数字を読み取る方法がよく用いられている。

本書での検出ではｐＨ電極計を用いて計測した結果、約47％が6・0〜6・5、39％が6・6〜7・0、0・8％が7・1〜7・5の値であった。すなわち、東京の湧水のｐＨは約86％が6・0〜7・0の弱酸性から中性の範囲にあることが判明した。これは火山灰である関東ローム層の影響であろう。しかし、湧水の湧き頭から流下距離が長くなるほど酸性から中性へ、中性からアルカリ性へと変化する傾向が見られる。

湧出量（湧水量、ℓ/s）

一般に湧出量は秒当たり何リットルかで示す（ℓ/s）。湧出量が少なければ、ストップウォッチを用いて所定の時間、直接ビニール袋やバケツに採水し、その量をメスシリンダーで測定して秒当たりに換算する。湧出量が多ければ、まず巻尺や折尺で水流の幅と水深を測り、流れに直角な水流（水路、川など）の断面積を算出する。次に浮子（ふし）を使って、それが5〜6ｍ（長距離ほどよい）流れる速さを測る。これを数回繰り返してその平均流速（m/分）を算出したら、その値に水流の断面積を掛けたものが流量（秒・分・時間・日当たりの量、m^3）である。

湧出量については、99・04・06・08年に実測調査しているが、先行降雨、地表水、水道、下水道などの浸透や漏水などの量により、また、地下水の利用状況によっても大きく影響を受け、季節変動が著しいので、本書では08年6〜10月の目測調査による、多い、少ない、枯渇の定性的表現で示した。

主要溶存成分の分析

水質について現地で計測しなければならない項目については、ここまで述べてきた通りであるが、湧水の水質特徴を知るためには、さらにそこに含まれる代表的な成分（溶存成分）の分析を行う。この主要溶存成分の分析については、ある程度の精度を要するので検水を持ち帰って測定する。本書での分析も検水を持ち帰って実験室で行った。

主要溶存成分の分析にはイオンクロマトグラフという分析器を用い、ナトリウムイオン、カリウムイオン、マグネシウムイオン、カルシウムイオン、塩化物イオン、硫酸イオンを分析した。

水質分析をグラフで表現する方法

水に含まれる主要溶存成分の分析結果、つまりイオン濃度の状況は、グラフで表すことが多い。地下水質の解析でも水質組成を表現するのに、ヘキサダイヤグラムやトリリニアダイヤグラムがよく用いられる。これらの図の作成には、各成分の含有量（mg/ℓ）と当量濃度を求めておく必要がある。あるイオンの当量濃度（meq/ℓ）は、重量濃度（mg/ℓ）をそのイオンの式量（原子量等）で除して、イオン価を乗じることで求められる。Ca^{2+}イオン50mg/ℓの場合、50mg/ℓ／40.1×2＝2.5meq/ℓとなる。

　本書では分析結果をヘキサダイヤグラムで表している。それが本項冒頭の「本書の湧水データ例」に示し、個々の湧水紹介に添えた図（グラフ）である。

　これは六角形のパターン図で、中央の軸を０とし、左側の軸に陰イオンとしてCl^-＋NO_3^-（塩素＋硝酸）、HCO_3^-（重炭酸）、SO_4^{2-}（硫酸）、右側の軸に陽イオンとしてNa^+＋K^+（ナトリウム＋カリウム）、Ca^{2+}（カルシウム）、Mg^{2+}（マグネシウム）を配置し、目盛りにあわせ８イオンを６成分にまとめて当量濃度で示したものである。この図形の面積で溶存物質の量を、形状で水質組成を直感的に把握できる。この場合、湧水の図形に表現される標準的水質は、おおよそ左右対称に近い形状であるとされている。

　なお、本書では採用していないが、トリリニアダイヤグラムは、一つの菱形座標系と二つの三角座標系を組み合わせたものである。陽イオン、陰イオンごとの当量濃度の合計を１００％として各成分当量濃度％を求め、陽イオン、陰イオンごとに三角座標図を作成し、その位置を菱形座標図に展開したものである。菱形座標図のプロット位置により水質組成を判読する。

さくいん

本書は著者が立正大学の野外実習、東京都の「東京の名湧水」選考委員などの折々に調査した資料や、東京都公園協会の「緑と水のひろば」誌に寄稿した拙稿をベースに編集しておりましたが、何分にも資料が古くなったこともあるため、サンコーコンサルタント（株）から提供いただいた新資料を参照し、湧水の現地写真については、吉田昌生氏、濱田浩美氏、鈴木一正氏から提供いただきました。また、編集については三品和彦氏、デザインについては篠原孝治氏にご協力をいただきました。これらの方々には、ここに記して深く謝意を表するしだいであります。　　　　合掌

〈参考文献〉

水質調査法　半谷高久著　丸善
水質調査ガイドブック　半谷高久・高井雄・小倉紀雄著　丸善
東京の自然水124　廣田稔明著　けやき出版
東京の名湧水57選　東京都環境局自然環境部
東京の湧水　平松純宏著　のんぶる舎
緑と水のひろば　第25号　特集・東京23区の湧水は今　東京都公園協会
緑と水のひろば　第33号　特集・多摩の湧水散策　東京都公園協会
緑と水のひろば　第40号　特集・野川を歩く　東京都公園協会
武蔵野の集落　矢嶋仁吉著　古今書院
名水を科学する　日本地下水学会編　技報堂出版
陸水　山本荘毅著　共立出版

著者略歴

現職：元立正大学学長。立正大学名誉教授。

1937年青森県生まれ。立正大学大学院文学研究科地理学専攻博士課程単位取得満期退学（文学博士）。同大学の学生部長、文学部教授・同学部長、地球環境科学部教授・学部長を経て2004年４月より立正大学学長。その間東京大学理学部、東京学芸大学教育学部、専修大学文学部などの非常勤講師を務める。

2014年春 瑞宝中綬賞叙勲。

地下水環境の障害・汚染と対策・再生、沙漠化などの乾燥地域の自然と人間の共生、開発途上国の水資源の開発と保全を研究テーマとし、対象地域は東京および荒川流域、北アフリカ地域、中国タクリマカン沙漠南部地域。

日本地下水学会会長、全国地下水利用対策団体連合会特別顧問、東京地学協会理事、東京の名湧水選定委員会座長、東京都市街地土壌汚染対策検討委員会委員長、埼玉県土壌・地下水汚染専門委員会委員長などを歴任。編・著『名水を科学する』『続　名水を科学する』『水文大循環と地域水代謝』（分担）、『タクリマカン沙漠の自然環境と風俗』（英文）、『地下水と水循環の科学』（古今書院）、『流域の水文代謝と地下水の復権』（プリントライフ）。

東京湧水せせらぎ散歩

平成21年６月20日　発　　行
平成27年５月１日　第２刷発行

著作者　髙　村　弘　毅

発行者　池　田　和　博

発行所　丸善出版株式会社

〒101-0051 東京都千代田区神田神保町二丁目17番
編 集：電話(03)3512-3266　FAX(03)3512-3272
営 業：電話(03)3512-3256　FAX(03)3512-3270
http://pub.maruzen.co.jp/

組版　有限会社バナナデザインファクトリー　印刷・製本　壮光舎印刷株式会社

ISBN 978-4-621-08268-3 C 0076　　Printed in Japan